IX Certamen internacional de pintura
Manuel Ángeles Ortiz

2024

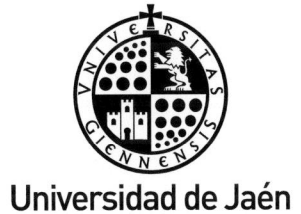

Universidad de Jaén

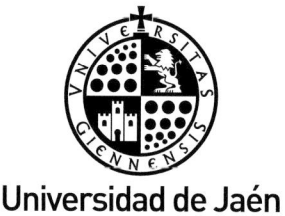

Universidad de Jaén

RECTOR MAGNÍFICO DE LA UNIVERSIDAD DE JAÉN	Nicolás Ruiz Reyes
VICERRECTORA DE CULTURA	Marta Torres Martínez
SECRETARIADO DE ACTIDADES CULTURALES Y AULA ABIERTA	M.ª Isabel Abad Martínez

JURADO

PRESIDENTE	Pedro A. Galera Andreu
SECRETARIO	Manuel Correa Vilches
VOCALES	Jesús Conde Ayala
	José Luis Puche
	Lourdes Castro Cerón
	Julia Santa Olalla

EXPOSICIÓN	Servicio de Actividades Culturales
MONTAJE	Arquimera S. L.

EDICIÓN	© Textos: sus autores
	© Universidad de Jaén
	1.ª edición, marzo 2025
	Publicaciones de la Universidad de Jaén
	Vicerrectorado de Cultura
	Servicio de Actividades Culturales

FOTOGRAFÍAS	Esther Garrido Navas. JAÉN HOY (https://www.jaenhoy.es/)
	Néstor Prieto Jiménez
	Fernando Mármol Hueso

IMPRESIÓN	Gráficas La Paz de Torredonjimeno, S. L.
ISBN	978-84-9159-667-7
Depósito Legal	J-133-2025

Impreso en España / *Printed in Spain*

La Universidad de Jaén convoca, desde 2016, los Premios de Creación Artística y Literaria que incluyen el Certamen Internacional de Pintura "Manuel Ángeles Ortiz", en honor a este pintor giennense de proyección internacional. Con él se pretende apoyar la realización de proyectos en el ámbito de las artes plásticas, fomentar e impulsar la actividad creadora contemporánea y posibilitar la adquisición de obras de arte de calidad para enriquecer la colección patrimonial de la Universidad de Jaén.

El certamen implica la celebración de una exposición de las obras seleccionadas al término de la convocatoria, entre las que se eligen las que recibirán los tres premios contemplados.

En 2024, celebramos la novena edición de este concurso, ya consolidado, y a ella han concurrido en torno a un centenar de propuestas, de las que se han escogido un total de 18. La alta calidad de las obras seleccionadas responde a la poliédrica línea de tendencias que caracteriza actualmente al panorama artístico. Además, la muestra se presenta variada también en lo que respecta al origen de los artistas que la integran, nacionales e internacionales, con diversa formación y trayectoria.

En mi calidad de rector de la Universidad de Jaén, quiero agradecer la participación a todos los artistas, especialmente, a los seleccionados y, de manera particular, a los ganadores, que representan el talento, empuje y carácter diferencial de las nuevas generaciones artísticas de nuestro país y, especialmente, de nuestra comunidad autónoma.

El primer premio ha sido concedido al artista gaditano José Carlos Naranjo Bernal (1983) por la obra *Dos rosas* (2024), en la que prima la espontaneidad en el trazo y la naturalidad narrativa con un carácter compositivo, directamente relacionado con la fotografía.

El segundo premio ha sido otorgado al artista sevillano Salvador Jiménez Donaire (1994) por la obra *Imagen débil* (2024), cuya superficie supone una especie de mantra visual, a partir del trazado manual de líneas verticales y horizontales, realizado con lápiz de color y punta de oro.

Finalmente, el premio destinado a artistas giennenses emergentes lo ha recibido Tomás González Justicia (Jódar, 1984) por la obra *Komagata River Bank después de Hasue Kawase* (2024), centrada en la manufactura objetual del consumismo y su relación o disyunción con el mundo natural y humano.

Por supuesto, agradezco la disponibilidad e implicación de los miembros del jurado, compuesto en esta edición por Pedro Galera, Jesús Conde, Julia Santa Olalla, José Luis Puche y Lourdes Castro.

En definitiva, la Universidad de Jaén confirma su compromiso con la proyección de la Cultura, en general, y con la promoción artística, en particular, pues la actividad cultural universitaria representa una importante palanca de desarrollo socio-económico y humano en la provincia de Jaén. Este compromiso también se adquiere con los creadores, que necesitan este tipo de iniciativas para el desarrollo de sus carreras artísticas y profesionales.

Nicolás Ruiz Reyes
Rector Magnífico de la Universidad de Jaén

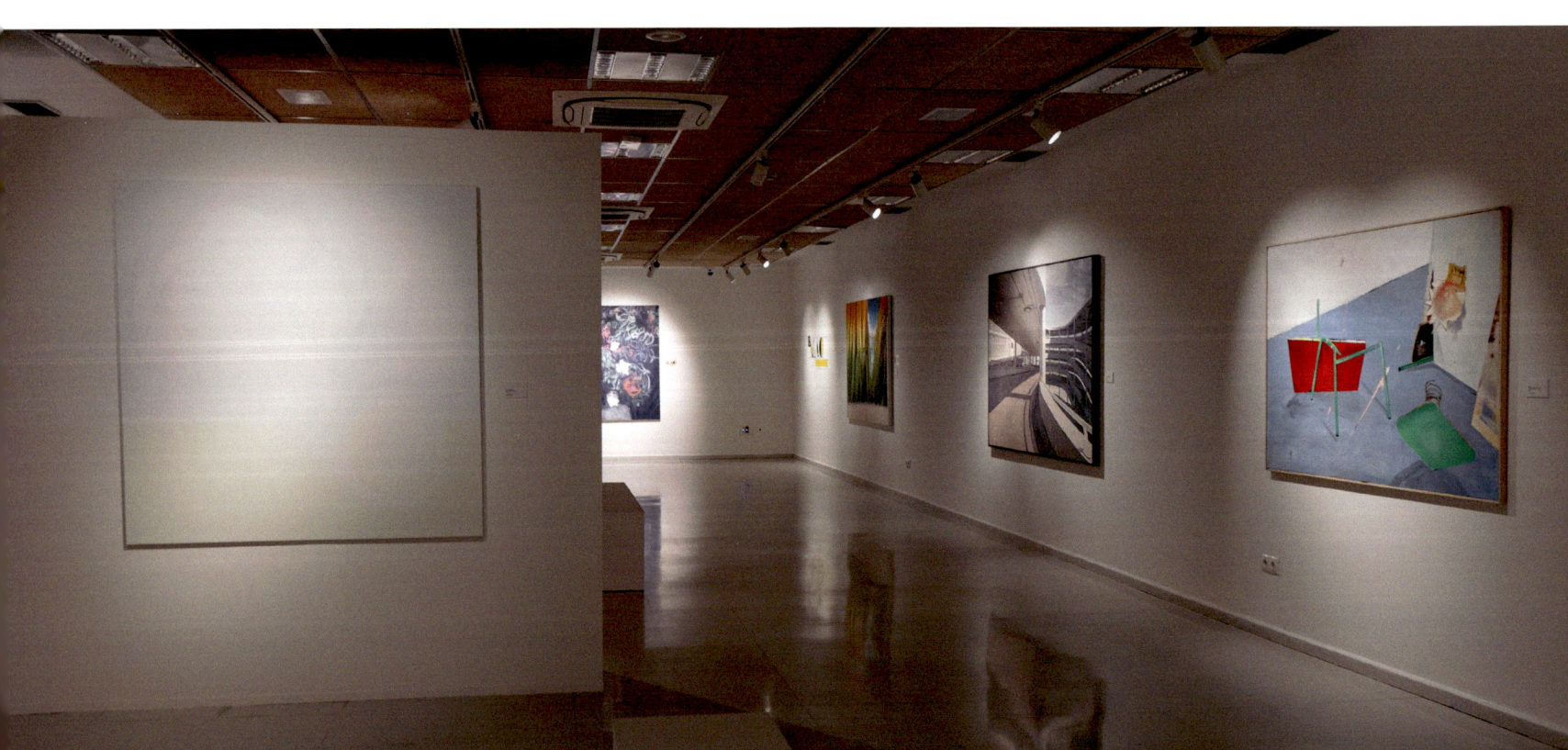

Qué duda cabe de que los concursos artísticos, pese a sus detractores, constituyen un estímulo y sobre todo un expositor del arte de un momento determinado. Tal vez, el carácter competitivo inherente al mismo sea causa del rechazo por parte de algunos artistas que ven el certamen un riesgo enojoso, pero aunque esta sea una postura perfectamente comprensible, su ausencia —por lo general de los muy consagrados— no dejan por eso de manifestarse, ya sea por emulación de su obra por parte los emergentes y a la vez el deseo de innovación en lógica competitividad con los mismos referentes. En resumidas cuentas, los certámenes de arte se convierten en un manifestador de primera línea de la actualidad artística. Además, son un estímulo para jóvenes creadores y una excelente muestra del patronazgo cultural para instituciones que manifiestan de esta manera un compromiso social ineludible a la vez que enriquecen su propia colección.

El Certamen Internacional de Pintura "Manuel Ángeles Ortiz", que convoca la Universidad de Jaén en su novena edición, responde cumplidamente a dichas expectativas. La concurrencia de artistas, que crece de año en año, aportan en esta ocasión algo más de setenta obras. La procedencia es, en su mayor parte nacional, prácticamente de todas las comunidades del país, pero también con un sensible aumento de autores de otras nacionalidades. Predominan los jóvenes, representantes del arte actual arte emergente, pero sin que falten tampoco otros de larga trayectoria. Observamos una rica variedad en el perfil artístico y biográfico de estos creadores: pintores filósofos; pintores poetas; pintores científicos y pintores-pintores, lo que nos ilustra de la compleja conformación de la imagen plástica actual en la interactuación de muy diferentes campos artísticos y de conocimiento. Si unimos a todo eso las circunstancias de vida y trabajo que nos brindan los "curricula" de todos ellos, tenemos en los concursos artísticos un excelente escenario, digno de ser estudiado desde el ámbito académico, acerca de la sociología del arte actual en España.

Obvio resulta decir que a tal variedad de componentes formativos corresponden de igual manera la diversidad plástica de la obra seleccionada, las dieciocho piezas que se exhiben, y que se plasma de forma cabal en las tres ganadoras del certamen.

La ganadora del primer premio, *Dos Rosas*, un óleo sobre lino, del gaditano José Carlos Navarro, joven artista reconocido ya por haber obtenido prestigiosos premios, como el BMW de pintura (2013), y con obra en importantes colecciones dentro y fuera de nuestro país, condensa sus últimas experiencias, en las que se combinan la fotografía con efectos lumínicos, una temática floral y hasta la representación humana, todo en aleatoria distribución sobre el lienzo de modo fragmentario. Recurso, este, el del fragmento, tan identificador de la cultura de la modernidad, reñida con el discurso narrativo continuo que tradicionalmente pretendía la visión de la realidad como un todo unificado. Esta mirada disruptiva, atenta al fragmento como flash iluminador, tiene bastante que ver con el proceder de la fotografía. De hecho, Naranjo ha practicado el arte de la fotografía y se vale de ella como un recurso de inspiración, antes que la inclusión o manipulación de la foto en sí; le interesa lo instantáneo de ella, pero inserta, en el proceso generador de la obra, un proceso ante todo y sobre todo pictórico. Así, los objetos, por intrascendentes que sean, se hacen poesía bajo el efecto del destello luminoso que desvela su naturaleza, atrapada en un fondo oscuro, del que emana con un halo de misterio.

Imagen débil, segundo premio, obra del sevillano Salvador Jiménez Donaire, un artista intelectual que ejerce la docencia en la Facultad de Bellas Artes de Sevilla con un bagaje de actividad nacional e internacional importante, nos sumerge, por el contrario, en el mundo hermético de un artista reflexivo, de espaldas al tiempo cotidiano que fluye a nuestro alrededor y del que es imposible desasirse. El tiempo material y materialista además, dominado por la prisa y el estrés. Ante esta situación, Salvador Jiménez cierra la ventana y se centra en una abstracta visión del ritmo vital de la naturaleza. A través de una trama de miles de pequeños cuadrados cuidadosa y exquisitamente elaborados con gesso, punta de oro y pigmentos naturales, envuelta en una sutil nebulosa azul, muy matizada e informe por contraste con la racional estructura geométrica de la red de líneas verticales y horizontales de los cuadrados. Contraste con el que nos invita a reflexionar con ese juego de contrarios entre la realidad exterior, la materialista y la interior, espiritualizada; entre acción y reposo; cambio y permanencia.

Si en la obra de Jiménez Donaire existe un eco del *zen* oriental insoslayable, *Komagata river Bank después de Hasue Kawase*, tercer premio del certamen, obra del jiennense Tomás González Palencia, nacido en Jódar, evoca de modo más directo, pero con intención diferente por completo, a Oriente. En realidad, la referencia, aunque directa a la estampa japonesa del artista japonés Hasui Kawase, *Komagata river Bank* (1919), se convierte en manos del jodareño en un pretexto para llevarnos a una interpretación del paisaje muy distinta. Allí, donde los haces de cañas que crecen a orillas de un rio recrean un paisaje natural, se convierten aquí en los mismos haces metamorfoseados en las usuales pajitas para sorber, que utilizamos en bares y cafeterías: una naturaleza plastificada, que completa el autor con el duro y árido lecho sobre el que se insertan las cañas-pajitas al igual que las nubes del cielo. Una metáfora de nuestra sociedad consumista y artificial, un paisaje de "vertedero", como gusta definirlo a Tomás González, un artista en permanente denuncia del lado negativo de nuestra civilización.

Es evidente que las tres obras ganadoras no agotan el interés de las quince restantes seleccionadas, como el espectador podrá juzgar y lícitamente realizar su fallo alternativo. Al fin y al cabo, en la selección va implícita una consideración de premio, refrendada por la edición de este catálogo. No es un tópico señalar lo difícil que resulta para

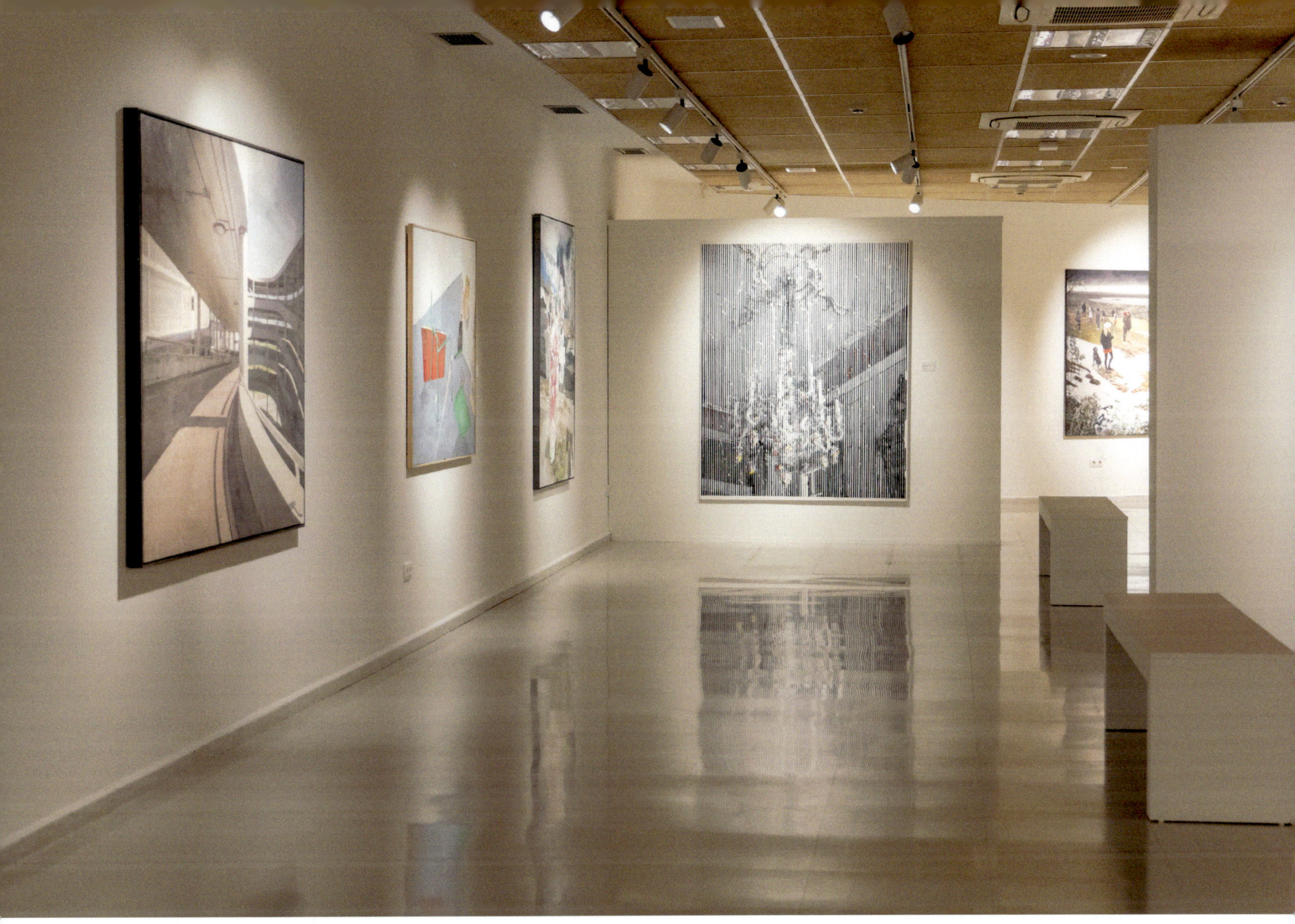

un jurado la determinación de los premios, donde obras tan diferentes en temas, planteamientos y procesos de realización, la excelencia existe en los distintos géneros que concurren. Esa es una experiencia que brindamos a los espectadores, en la que además del disfrute, principal consecuencia, sirva para introducirlos en el rico y complejo mundo de la creación artística.

Pedro A. Galera Andreu
Universidad de Jaén

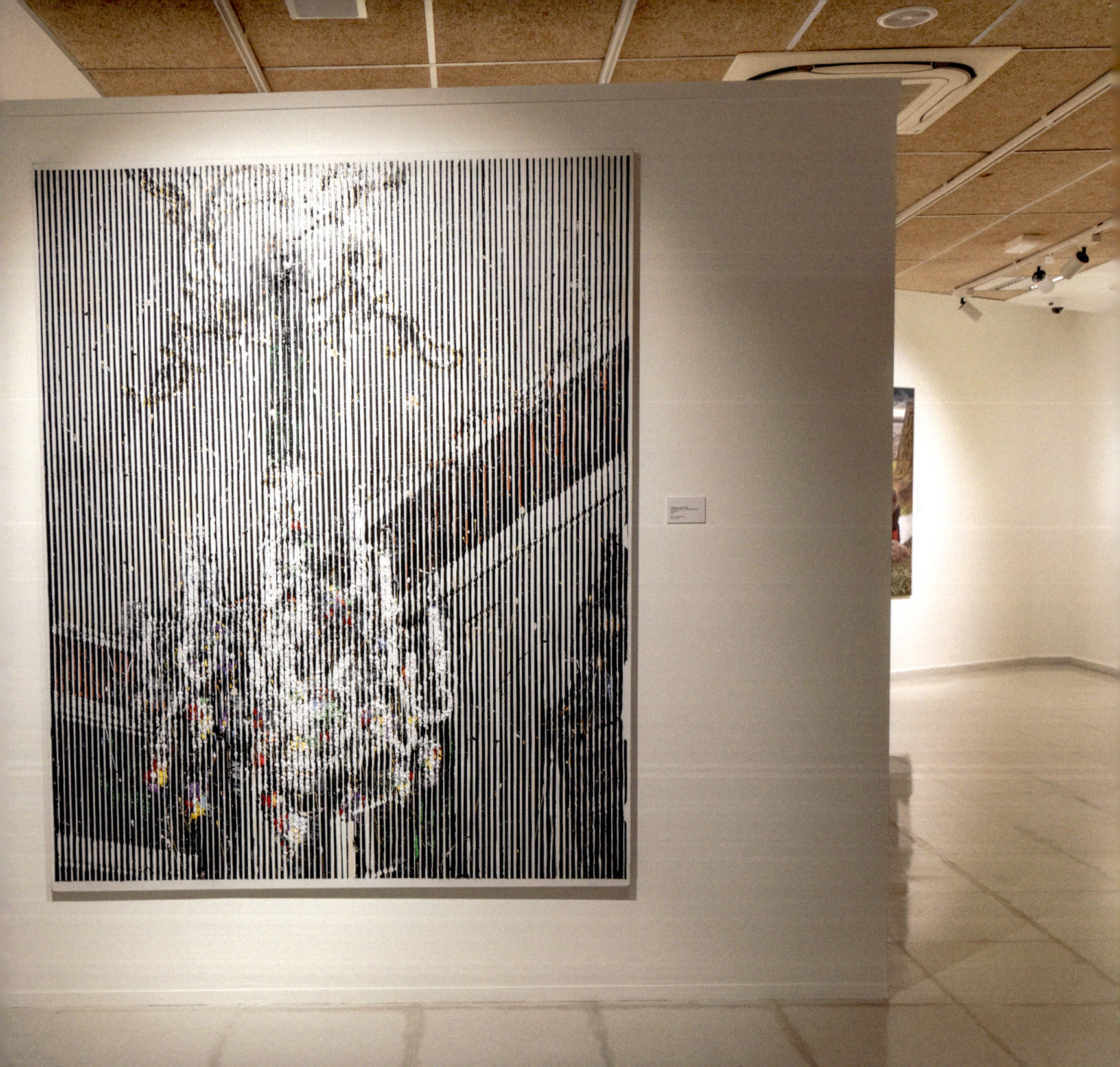

En este año celebramos la novena edición de los premios de pintura Manuel Ángeles Ortiz, patrocinado por la Universidad de Jaén. Con los cuadros seleccionados se ha realizado esta magnífica exposición, en la sede del rectorado de la propia universidad, quedando para la posteridad con un documentado catálogo.

Los premiados, por su parte, entrarán a formar parte de la colección de arte de la Universidad de Jaén, colección de artes plásticas que conforman un panorama representativo de nuestra época. De cómo va la pintura de esta última generación de artistas plásticos, con obras de una gran envergadura tanto a nivel artístico como conceptual.

Tercer premio: Tomás González Justicia con el cuadro titulado "komagata river bank después de Hause Kawase".

Leo Castelli, el famoso rey midas del arte neoyorquino, tan elegante burgués de una familia judía de Trieste y que a los 50 años se reconvirtió en galerista, conmocionando así a la crítica, a los museos y al mundo del arte neoyorquino y cuyo mascarón de proa (entre el enorme número de pintores que primero descubrió y después promociono) fueron los artistas del pop Art, este nuevo arte tan americano, tan moderno, tan divertido y que fue el que al fin y de una vez por todas internacionalizó la famosa escuela de Nueva York por el mundo.

Su artista más mediático, lógicamente, fue Andy Warhol, que ya era un gurú de la modernidad y el primer creador de contenidos entre artistas intelectuales, aristócratas, celebridades, homosexuales, coleccionistas y museos. Fue el artista más influyente del siglo XX.

El arte de esa época ya no sirve a la naturaleza, la naturaleza está supeditada al empoderamiento. Este nuevo mundo está enteramente hecho y diseñado por nosotros. La acumulación, la publicidad del mismo, la repetición del objeto, una marca o un personaje se convierten en signos, como la botella de Coca-Cola, las latas de sopa Campbell o en mismísimo retrato de Marilyn. Son clones que permutan toda la realidad en sus cualidades de simpleza, claridad y repetición, todo unido por un color propio de los medios de comunicación, la prensa y la misma televisión y, sobre todo, reivindicando la propia naturaleza del producto.

En este cuadro del tercer premio, la acumulación de pajitas de usar y tirar en su propia composición y ese fantástico degradado de color, que va de frío a caliente con un enigmático claro que entre ellas, nos permite vislumbrar un trozo de mar y cielo, convierte a esta obra en un magnífico heredero del pop de los 60. Con la ironía propia del desencanto de estos momentos y con el tinte surrealista de los paisajes oníricos de Yves Tanguy esta zafra de cañas convertidas en un reclamo de comida rápida.

Segundo premio: Salvador Jiménez Donaire con su obra "imagen débil 2024".

Menos es más (les is more), la famosa frase y tan utilizada de Mies Van der Rohe, creo la piedra filosofal del minimalismo internacional, pero en este caso... la máxima del arquitecto podemos reconvertirla en una contradicción, donde la intensidad de la exaltación de un elemento que se multiplica y es clonado —*Ad libitum*— en geometría ortogonales, rompiendo el tiempo y las dimensiones del propio cuadro, este espacio es el campo de batalla que se utiliza para culminar la obra. Su contemplación nos produce el mismo estado catártico que puede concentrar espacio y tiempo, como el teatro, la música o la danza, todo ocurre y tiene lugar en la factura y en el momento de la creación y su re-creación, su contemplación me retrotrae a un pintor y escultor que además llevó su universo a obras de teatro. Me refiero al artista belga Jean Fabre, un creador que conmocionó el teatro de los 80 con su obra repetitiva y minimalista, que durante sus ocho horas de actuación conmociono al público que asistieron al estreno de su obra "las locuras del teatro" un 11 de junio de 1984 en el teatro Goldoni de Venecia, donde el público se replanteo que en cualquier obra de arte, toda las emociones y las experiencias, persuaden a las verdades por medio de métodos, no intelectuales ni académicos propios de los últimos tiempos de la Posmodernidad de Vattimo y su pensamiento débil.

Primer premio: José Carlos Naranjo Bernal titulado "dos rosas".

Un cuadro de magnífica resolución, donde un fondo negro nos remite a la intensidad de un espejo oscuro con un joven de espaldas, como los cuadros del pintor belga que ha retratado toda una generación en una pose de auto reclusión. Michael Borreman, un pintor de magnífica factura, muy influenciado por Manet Degas y sobre todo por Velázquez, aunque muy dado al surrealismo en los cuadros de Borreman, el protagonista puede ser un *"alter ego"* del propio autor o bien puede ser... el mismísimo espectador, como en el romanticismo, un hombre contempla la naturaleza intentando adivinar su propia existencia en nuestros días. El paisaje se convierte en una experiencia meditativa como la capilla Rothko en Houston, Texas, fundada por John de Menil en 1971, donde 14 grandes lienzos, todos negros, en un trabajo donde el tamaño y la intensidad del negro pintado con una superposición por capas sucesivas del color, nos crea en su contemplación un estado de meditación mística producto de la suma entre la arquitectura, la luz y los cuadros. Esta composición no recuerda a una de las paradojas visuales más impactantes del siglo XX, el famoso retrato de un hombre mirándose a la nuca de René Magritte, donde la imagen que nos devuelve el espejo es nuestra propia espalda. El surrealismo de Magritte nos deja en la desesperación de que nada nos dará las repuestas.

En este cuadro premiado, el fondo negro es el lienzo donde se pintan unas hermosas flores y el sujeto esta en la parte baja pintándolas como en el "arte de la pintura" de J .Vermeer, todo parece que son temas casi de género y tan sencillos diríamos que excesivamente normales, pero... como en toda gran pintura se convierten en excepcionales.

Jesús Conde Ayala

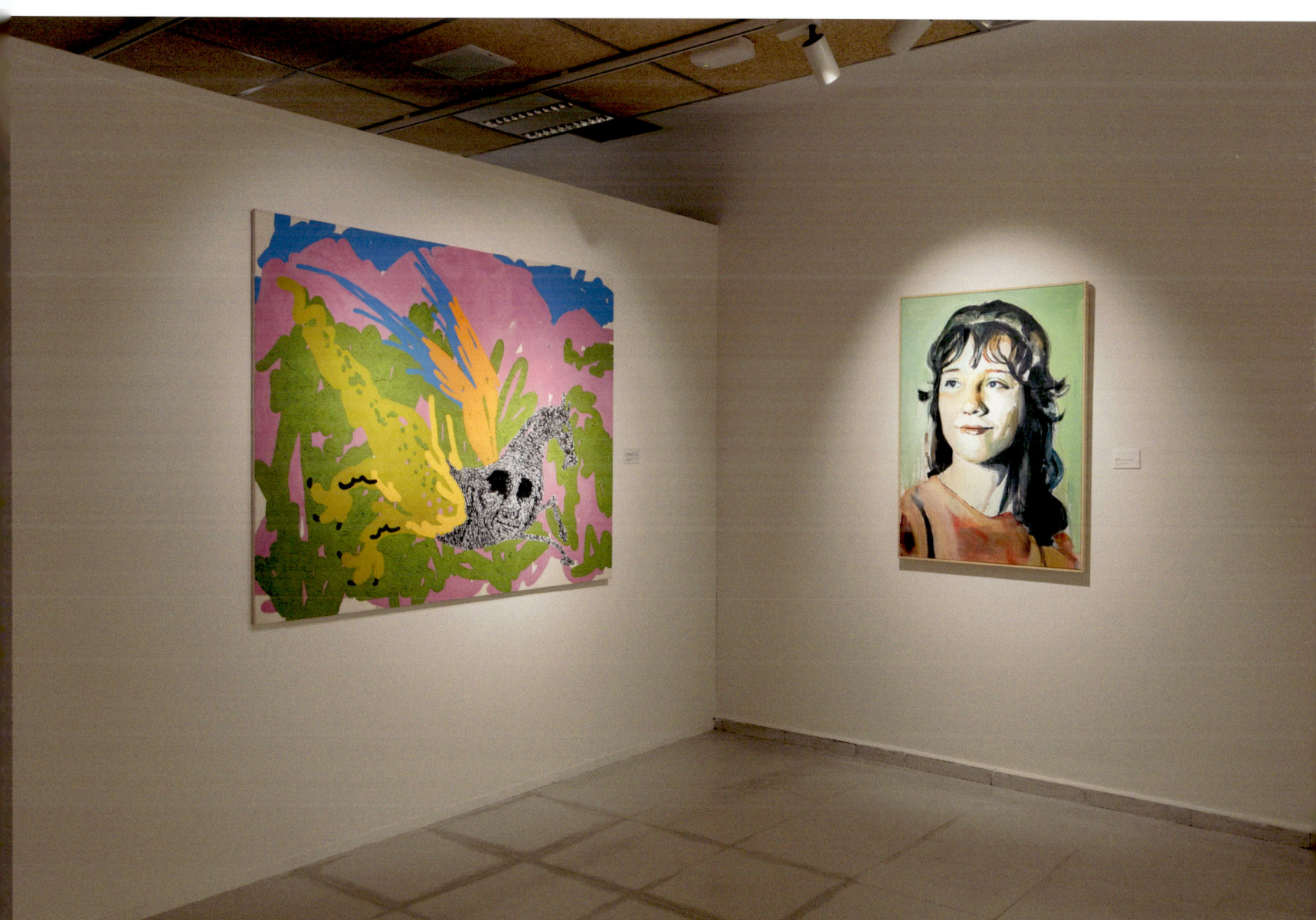

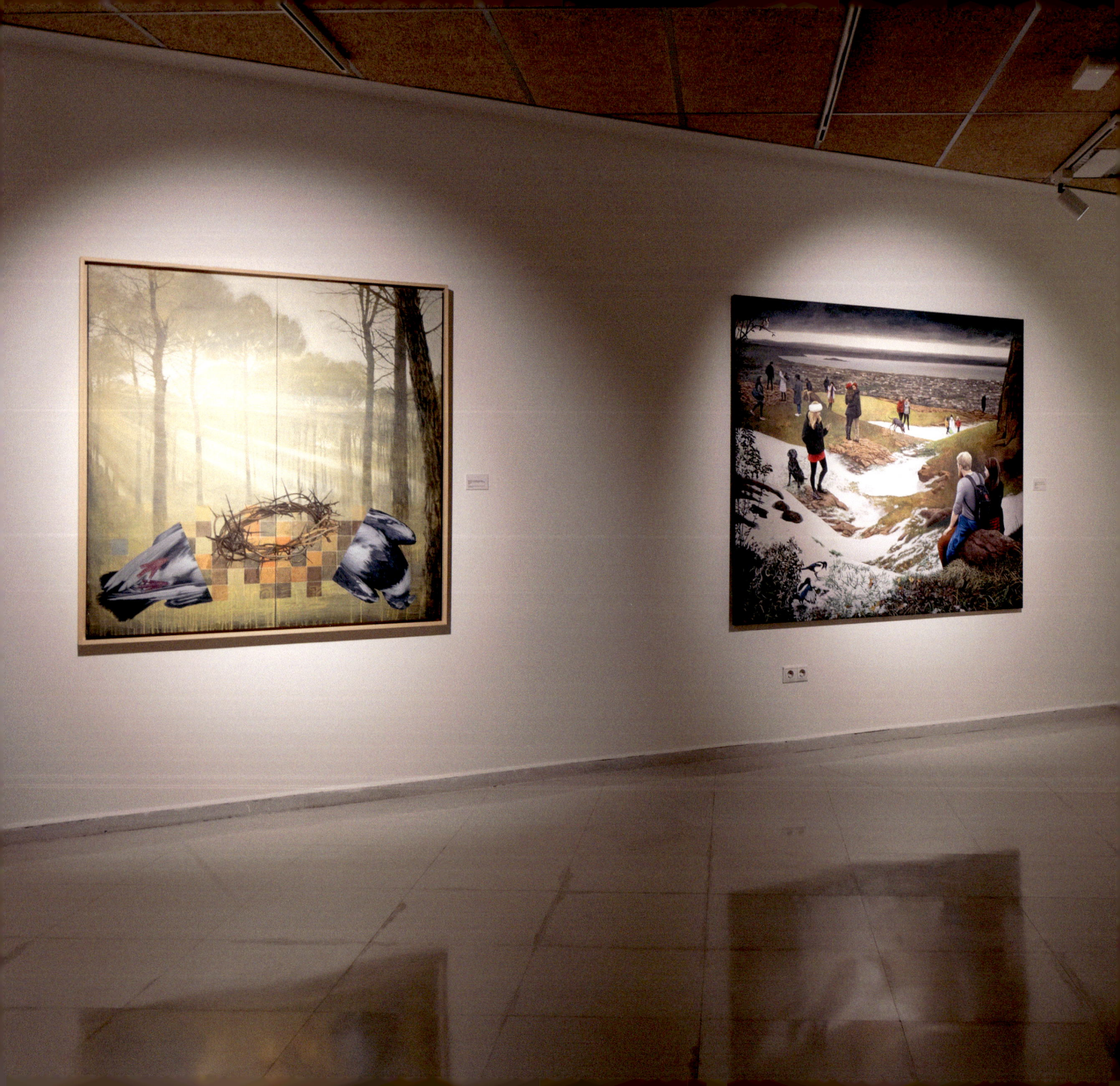

DIÁLOGOS EN TENSIÓN

El arte contemporáneo es un territorio vasto y cambiante, donde conviven múltiples lenguajes, discursos y estéticas. Dentro de este panorama, y en esta fase final del Manuel Ángeles Ortiz, lo hemos presenciado, dos corrientes han mantenido una presencia constante y significativa: la pintura figurativa y la presencia de la geométrica. Aunque, a simple vista, parecen opuestas, una evocando la representación del mundo visible y la otra reduciéndolo a formas esenciales, ambas comparten un trasfondo común que nos invita a reflexionar sobre la percepción, la estructura, el significado en el arte y en algún caso condicionar nuestro comportamiento en el ejercicio de observar.

La pintura figurativa, en su resurgimiento actual, ha tomado caminos diversos: desde el realismo detallado hasta una figuración más expresionista o simbólica. En tiempos donde la imagen digital y la saturación visual son moneda corriente, muchos artistas han optado por recuperar la pintura como un espacio de contemplación, explorando la identidad, la memoria o la tensión entre lo real y lo imaginado, como es el caso del Primer Premio del presente concurso José Carlos Naranjo, quien tiene una profunda interrelación entre la pintura y la fotografía, explorando lo que llamamos "posfotografía", esto es, el uso de imágenes fotográficas como base para una exploración pictórica que trasciende la mera representación, invitándonos a reflexionar sobre la naturaleza de la imagen en nuestro tiempo en el que la línea entre lo real y lo representado se vuelve cada vez más difusa.

La figura humana sigue siendo un eje central, pero también lo es el paisaje y la naturaleza muerta usados como entornos complementarios e interpretados desde una mirada contemporánea que a menudo dialoga con el arte del pasado.

Por otro lado, la geometría ha sido desde las vanguardias del siglo XX un lenguaje de orden y síntesis. En el presente, la abstracción geométrica no solo persiste, sino que ha encontrado nuevas formas de expresión a través del minimalismo, el arte óptico y las exploraciones digitales.

En el caso del Segundo Premio del presente concurso, Salvador Jiménez-Bonaire, con la obra "Imagen débil" ha tenido la capacidad de crear ritmos visuales, ilusiones espaciales o incluso evocar estados emocionales que mantiene vigente un mundo donde la estructura y el vacío conviven como polos esenciales. En su trabajo, cabe destacar también la sutileza en el uso de los materiales que denota un conocimiento profundo del apartado procesual, así como una revisión histórica de los mismos.

A pesar de sus diferencias formales, ambos enfoques comparten más puntos de encuentro de lo que parece. La geometría no es ajena a la figuración: muchos artistas figurativos recurren a esquemas geométricos para construir sus composiciones, mientras que la abstracción geométrica, en su afán por ordenar la realidad, a menudo se aproxima a lo arquitectónico o lo simbólico, tocando dimensiones de lo humano. En ambos casos, subyace una intención de explorar lo esencial de la imagen: ya sea el cuerpo, el rostro, el espacio, las degradaciones del color o la pura relación entre colores y formas.

En un mundo donde los límites entre disciplinas son cada vez más difusos, figuración y geometría continúan un diálogo en tensión, encontrándose en la intersección entre lo visible y lo conceptual. Más que opuestos, son caminos paralelos que, desde distintas ópticas, buscan dar sentido a la realidad que nos rodea.

José Luis Puche

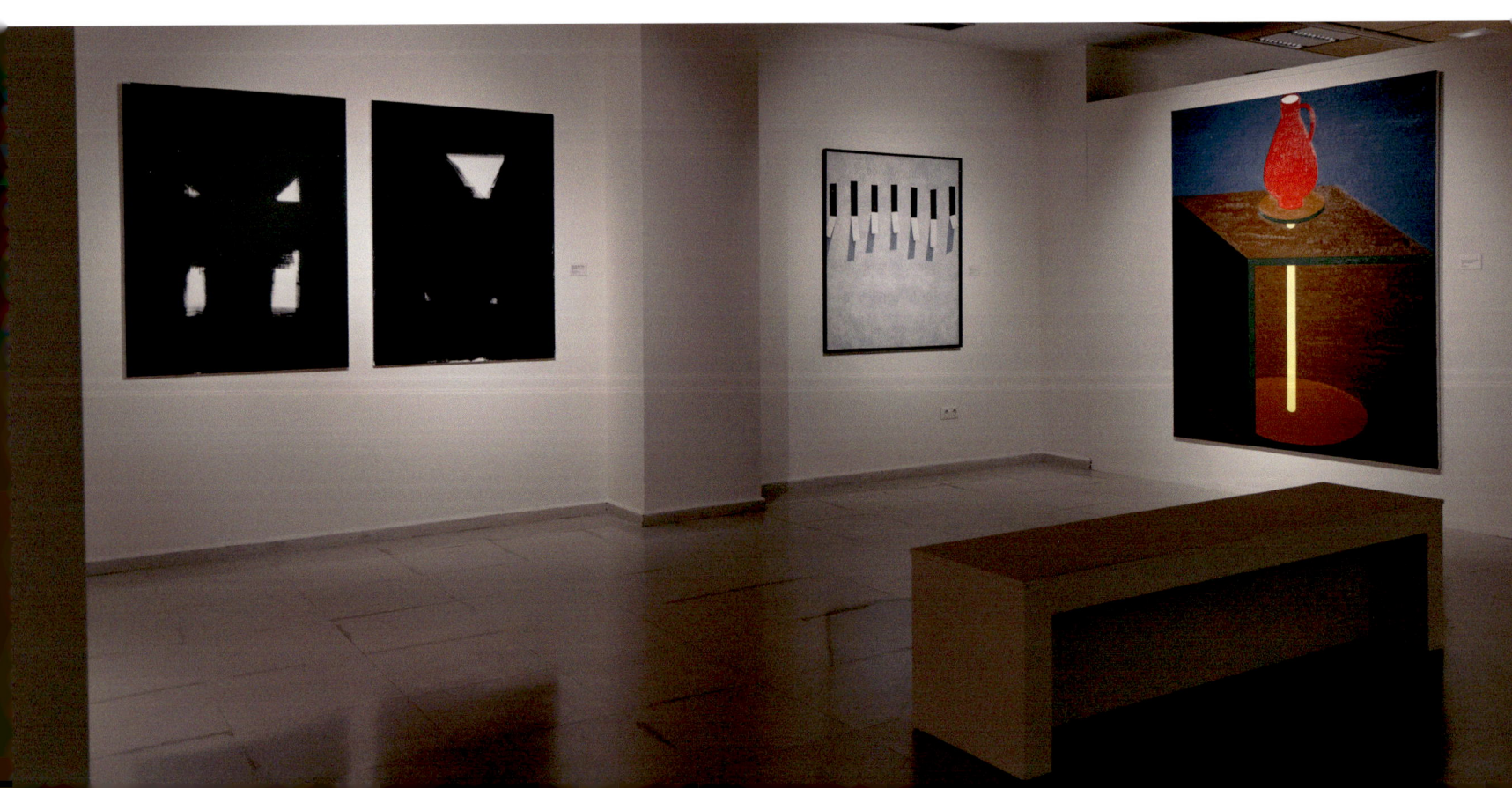

ESPACIO FECUNDO

La pintura sucede en el taller. Aquí el pintor establece un diálogo con la materia, se hace preguntas e intuye cosas.

Pone, quita, arrastra, impregna, espera y vuelve a empezar.

Salpica, empuja, cubre, tapa, recupera; va y viene, hace y deshace.

Los trabajos nacen de esta lucha: del diálogo y de la discusión. Así sobreviene la pintura y el cuadro empieza a ser. Y todo esto ocurre en las entrañas del taller. El pintor concibe la pintura en el seno de su taller; no produce, concibe.

Pero luego la pintura debe salir y se tiene que ver. Todas las disciplinas del arte nacen con la vocación de encontrarse con personas que le dedican tiempo y, en ese tiempo, surgen nuevas conversaciones e interpretaciones diferentes que consolidan la obra.

La exposición de la pintura, por lo tanto, no es solo una inquietud o una voluntad del artífice, es una necesidad para que la pintura verdaderamente sea. La pintura termina de hacerse cuando está en un lugar ajeno, con otros cuadros y con personas nuevas que la miran por primera vez.

El pintor procura —a toda costa— que su trabajo vaya a un espacio fecundo donde pasen cosas.

La Universidad de Jaén crece con el propósito de formar a los estudiantes entendiendo que una educación íntegra trasciende el aula; que la vida académica es eso, vida; y que las disciplinas del arte son cruciales en esa vida.

El Certamen Internacional de Pintura Manuel Ángeles Ortiz, organizado por la Universidad de Jaén desde 2016, responde a esta inquietud: convoca a los pintores y congrega a la pintura.

La pintura que se está haciendo hoy encuentra cobijo en el regazo de esta universidad. Aquí se fragua un diálogo entre las obras, con estudiantes y profesores, y con la ciudad de Jaén. Y para que cada año se produzca este encuentro y esta conversación son necesarias las dos cosas: el pintor que se entrega a la pintura y la universidad que la acoge en su seno.

Gracias a los pintores que perseveran día a día.

Gracias a la Universidad de Jaén que entiende que la pintura —el arte en todas sus expresiones— es inherente a la formación de la persona y a la vida académica.

Enhorabuena pintores premiados.

José Carlos Naranjo (Primer Premio) es un pintor muy pintor. En su tela hay cosas dichas y otras sugeridas. La figura y la caligrafía floral están hechas y deshechas. Y, cuando el espectador se acerca al soporte, percibe esa lucha y esa tensión, y se encuentra cara a cara con la búsqueda del pintor.

Salvador Jiménez–Donaire (Segundo Premio) nos recuerda cuánto vale el tiempo lento, el silencio y la quietud, y nos lo dice susurrando, a través de un ejercicio noble —muy bien hecho— de repetición con ritmo templado. Es valiente, poético y, por encima de todo, pintor.

Tomás González Justicia (Tercer Premio) es audaz, vivo y rotundo; su trabajo —a través de la pintura— nos sacude y nos obliga a reflexionar sobre nuestro comportamiento y nuestra relación con el mundo.

Pintores seleccionados —Alba Cortés García, Alejandro Castillo Montoya, Ana Cañuelo Navarro, Antonio Lara Luque, Cristina Megía Fernández, David Martínez Calderón, Francisco Baena Torres, Gloria Martín Montaño, Joaquín Millán Rodríguez, José Antonio Montecino Prada, Julio Sarramián Bernal, Pablo Bellot García, Ramón David Morales García, Verónica Bueno Salgado y Rosa Aguilar Santos—, enhorabuena por vuestro buen trabajo y gracias porque sois los cimientos de esta muestra.

Cada día en el taller tengo largas confidencias con mi pintura, pero también soy profesora universitaria. Entiendo que estos dos caminos van juntos, de la mano, que se enriquecen y se refuerzan; que el taller y la universidad son —deben ser— espacios fecundos donde pasen cosas.

Que así sea.

Lourdes Castro Cerón

CATÁLOGO DE OBRAS

Dos rosas (2024)

José Carlos Naranjo Bernal (José Carlos Naranjo)

Óleo sobre lienzo

170 x 130 cm

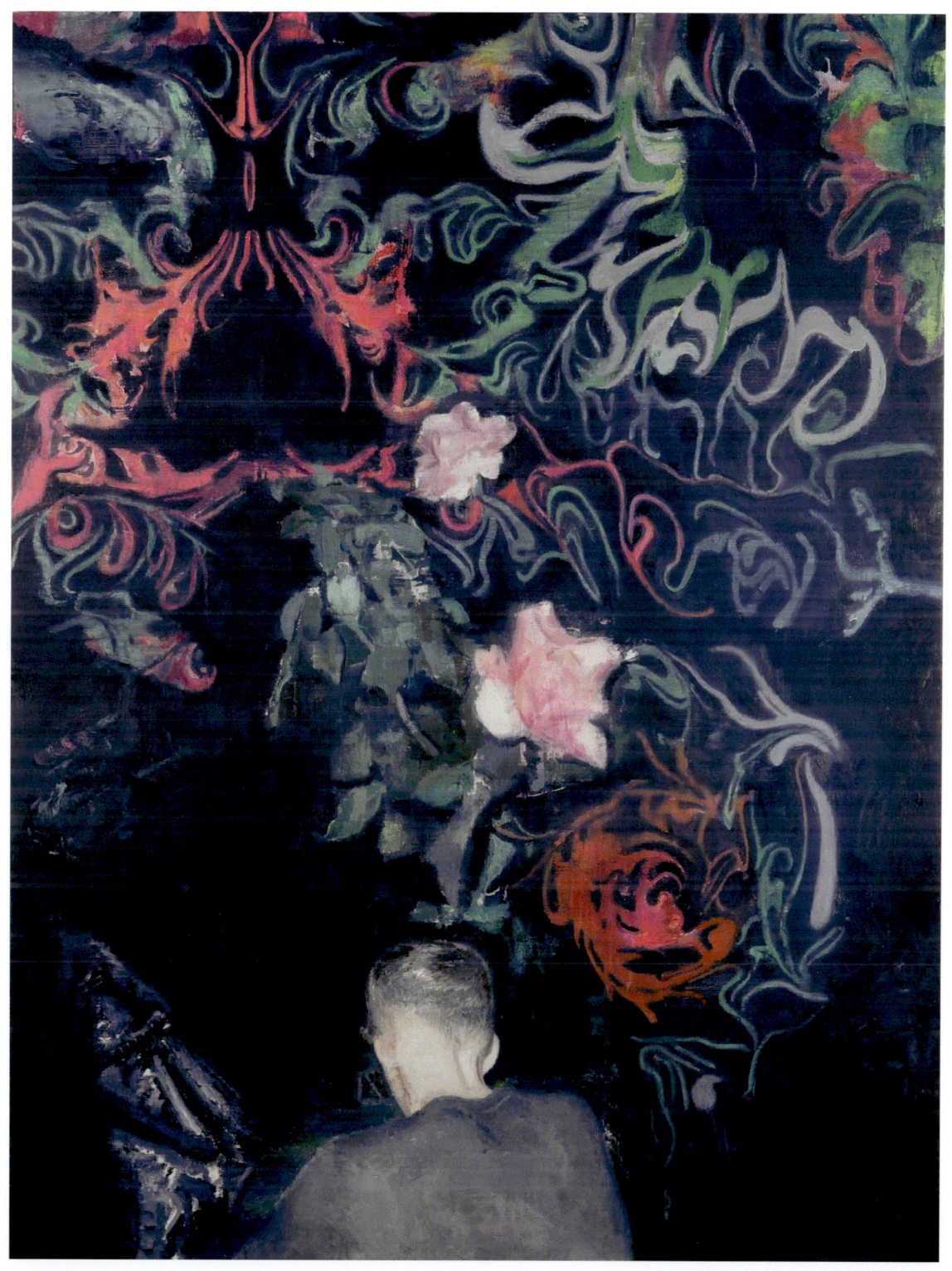

SEGUNDO PREMIO
Imagen débil (2024)
Salvador Jiménez-Donaire
Gesso, pigmento natural, punta de oro y lápiz de color sobre lienzo
150 x 150 cm

Komagata river bank después de hasue kawase (2024)

Tomás González Justicia (Tomás Justicia)

Óleo sobre tabla

140 x 195 cm

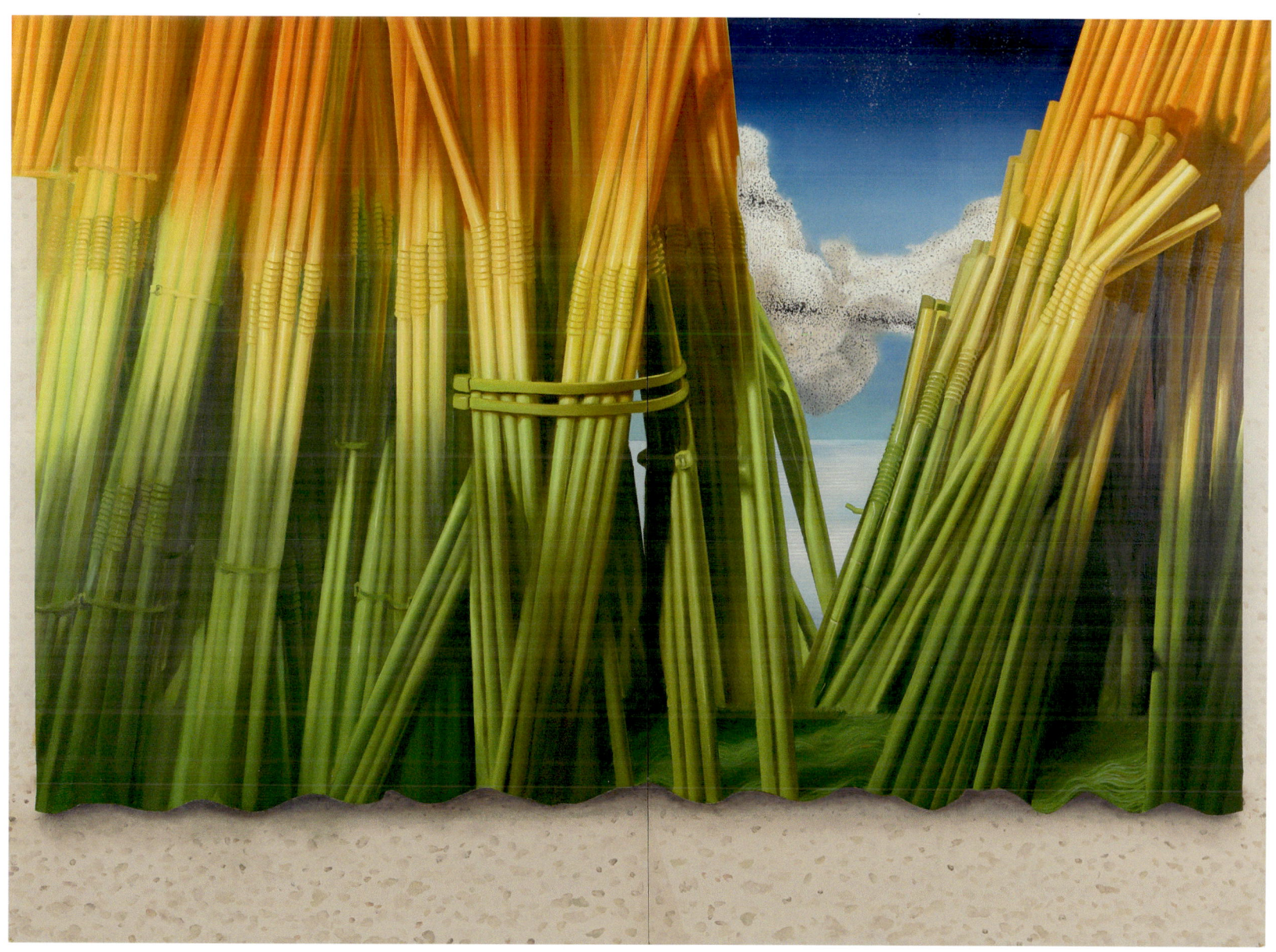

Aparcamiento circular (2023)

Joaquín Millán Rodríguez (Joaquín Millán)

Óleo sobre lienzo

140 x 200 cm

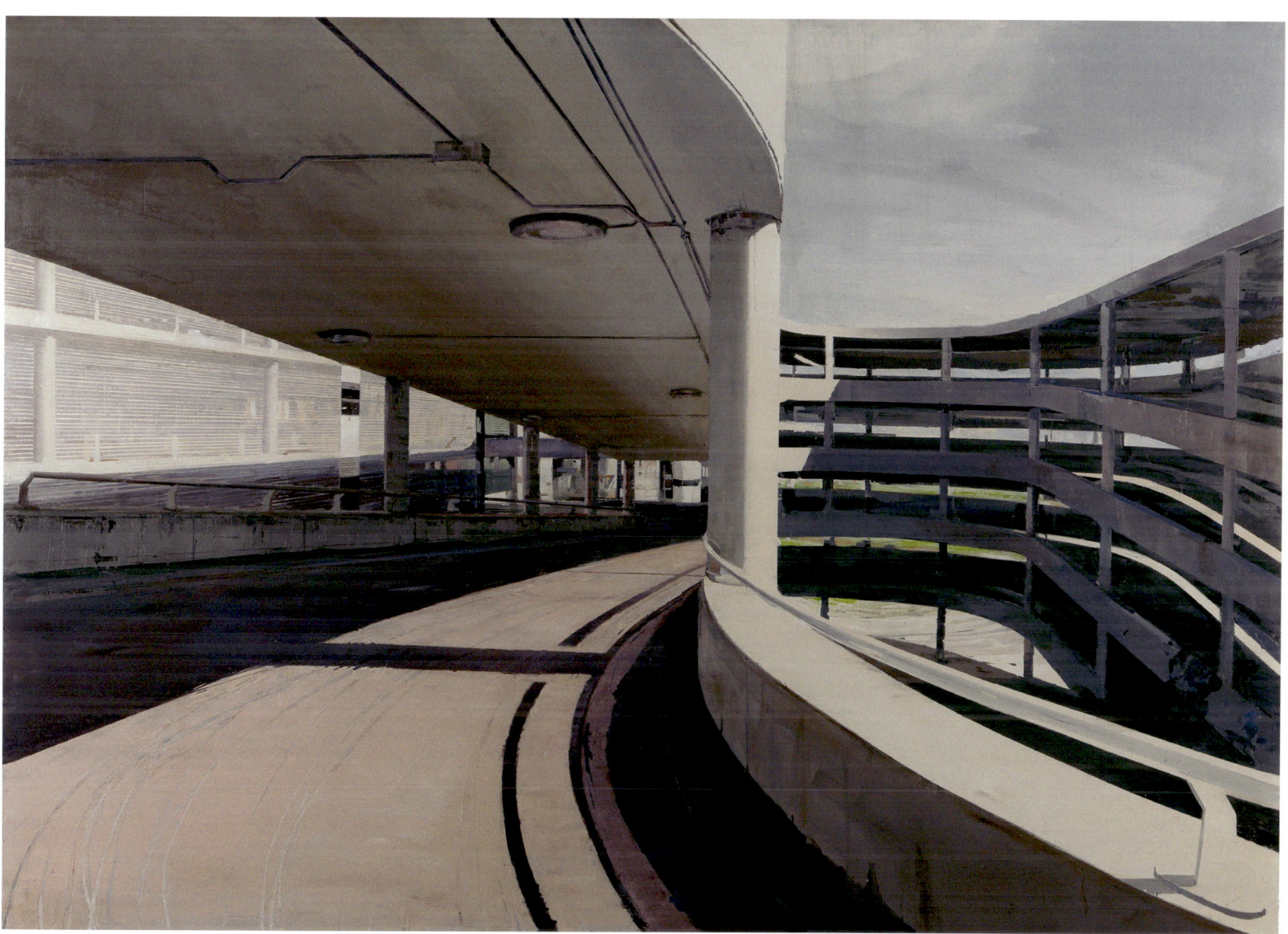

Silla (2024)

Alejandro Castillo Montoya (Alejandro Castillo —lenny—)

Óleo sobre lienzo

114 x 162 cm

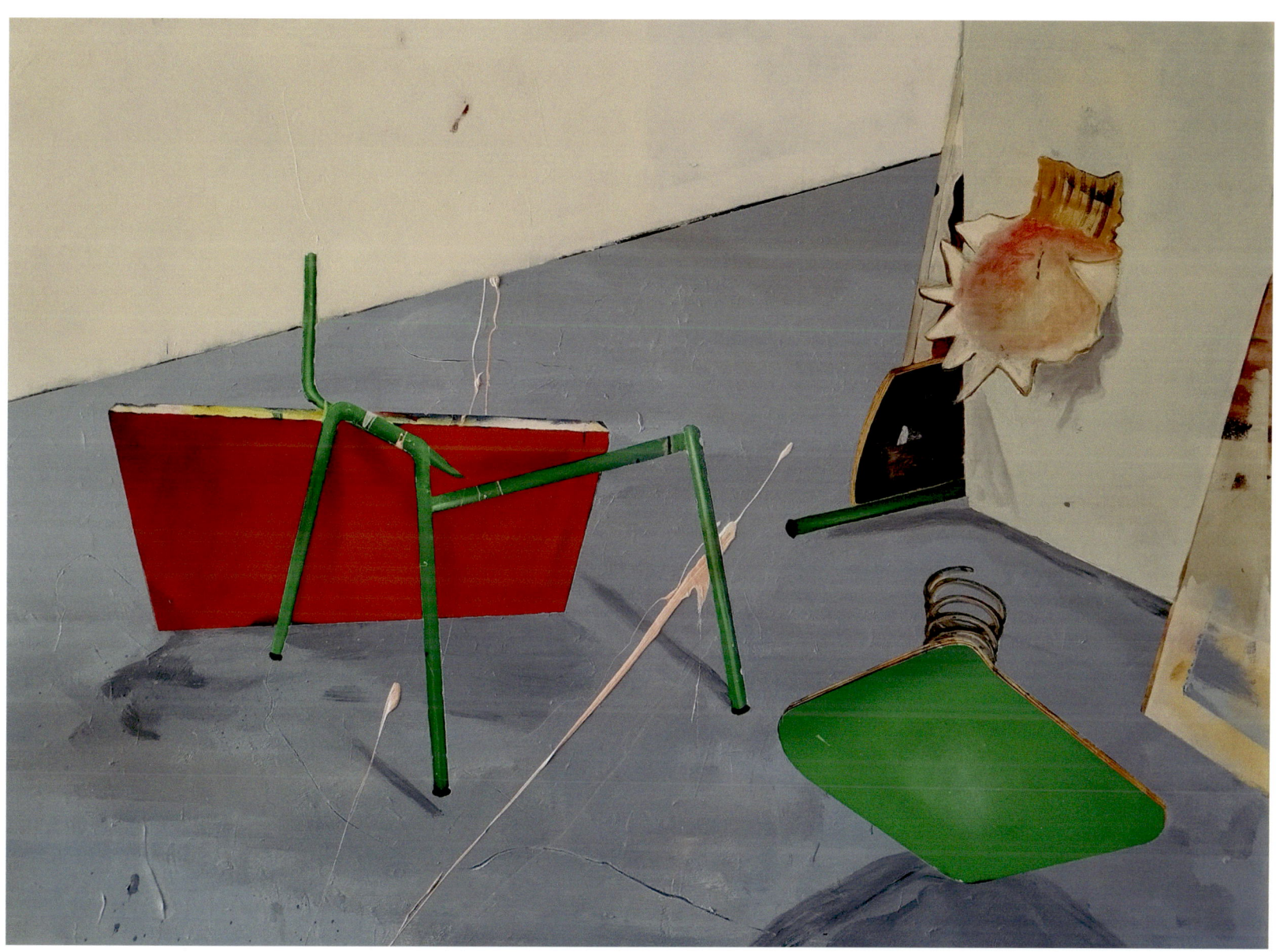

La pesadilla de Doña Blanca (2024)

Antonio Lara Luque (Antonio Lara)

Óleo sobre lienzo

170 x146 cm

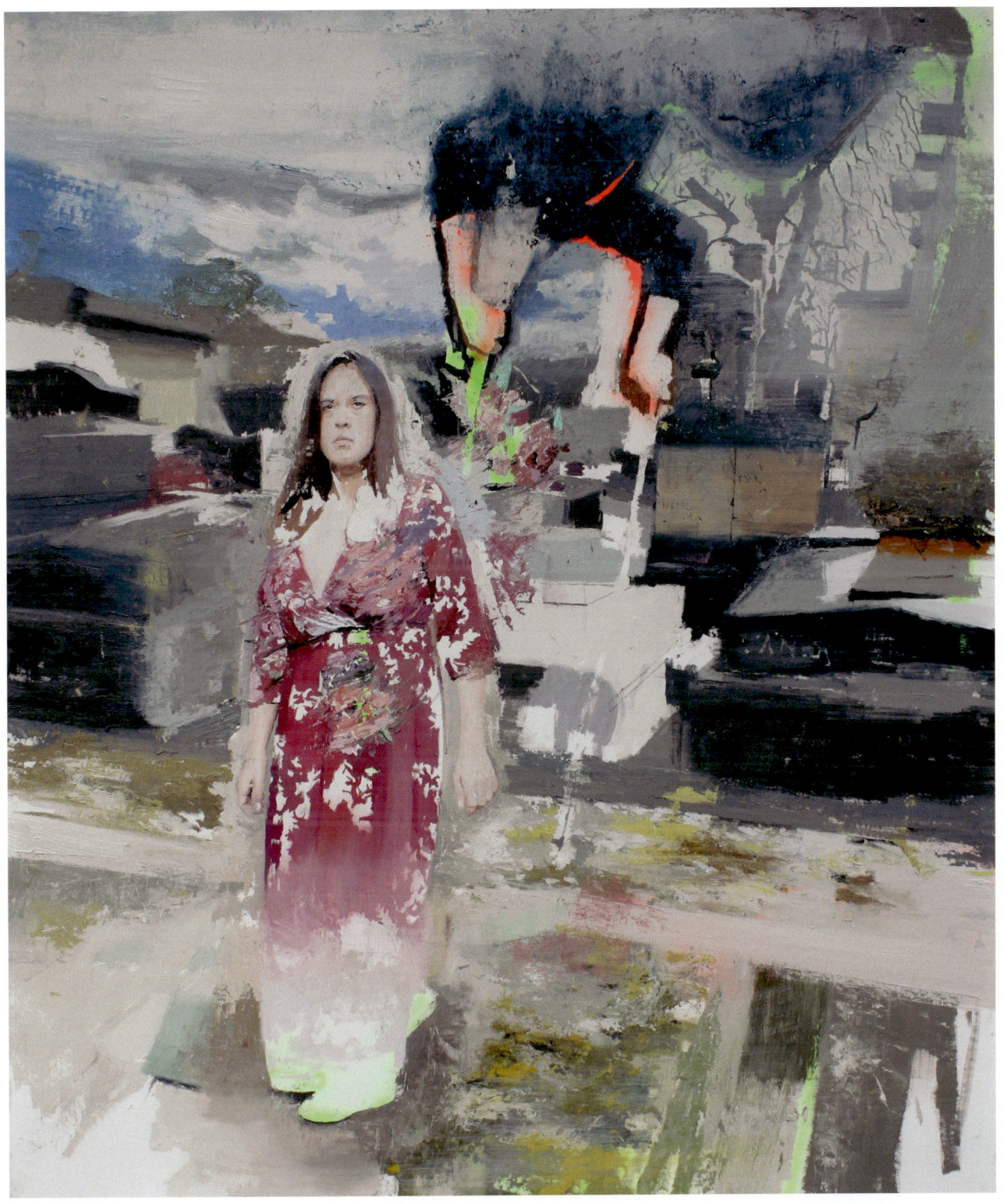

Lámpara de araña (2024)

David Martínez Calderón (David Calderón)

Acrílico sobre lienzo

195 x 162 cm

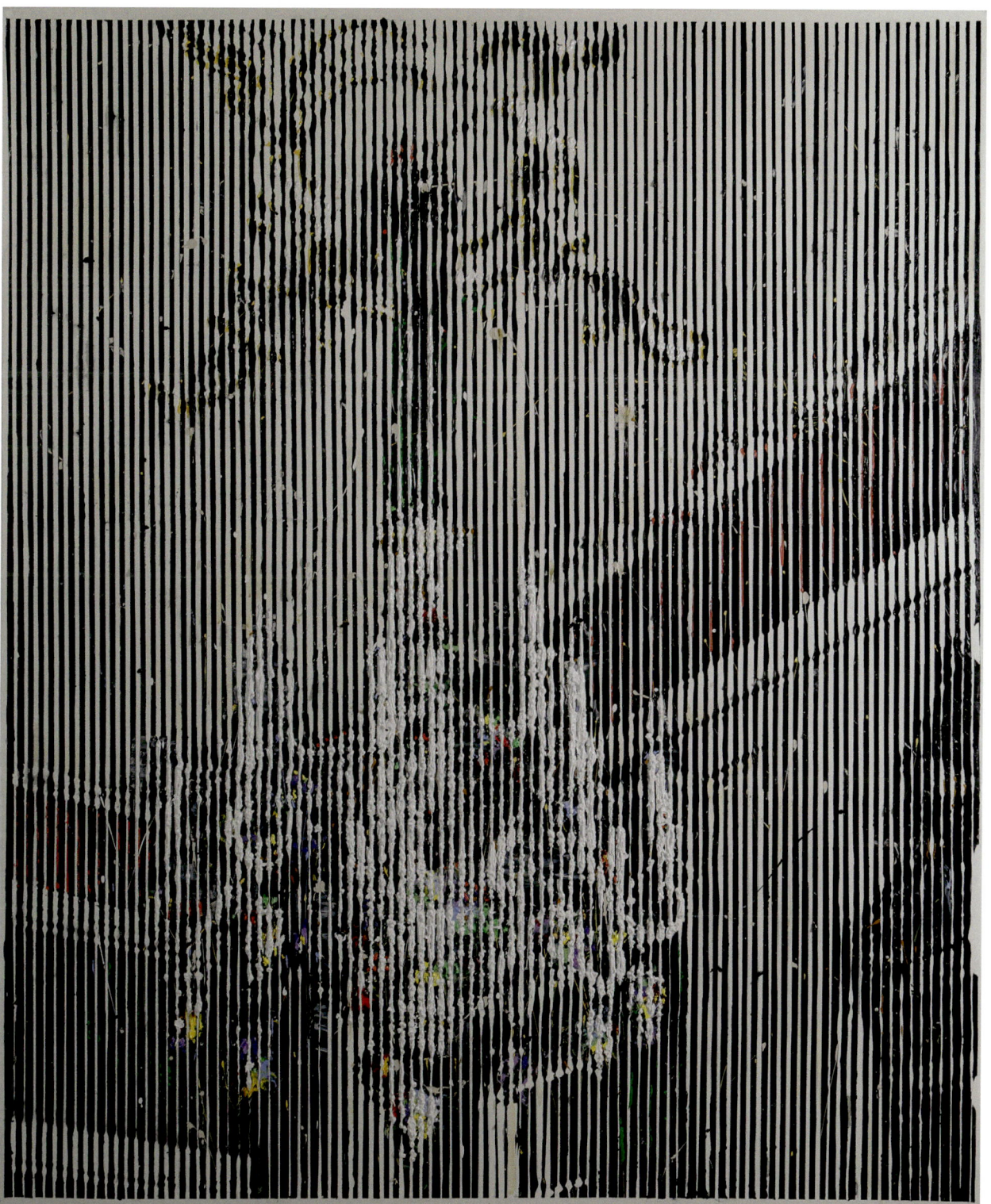

Luar (2024)

Alba Cortés García (Alba Cortés)

Óleo sobre lienzo

195 x 130 cm

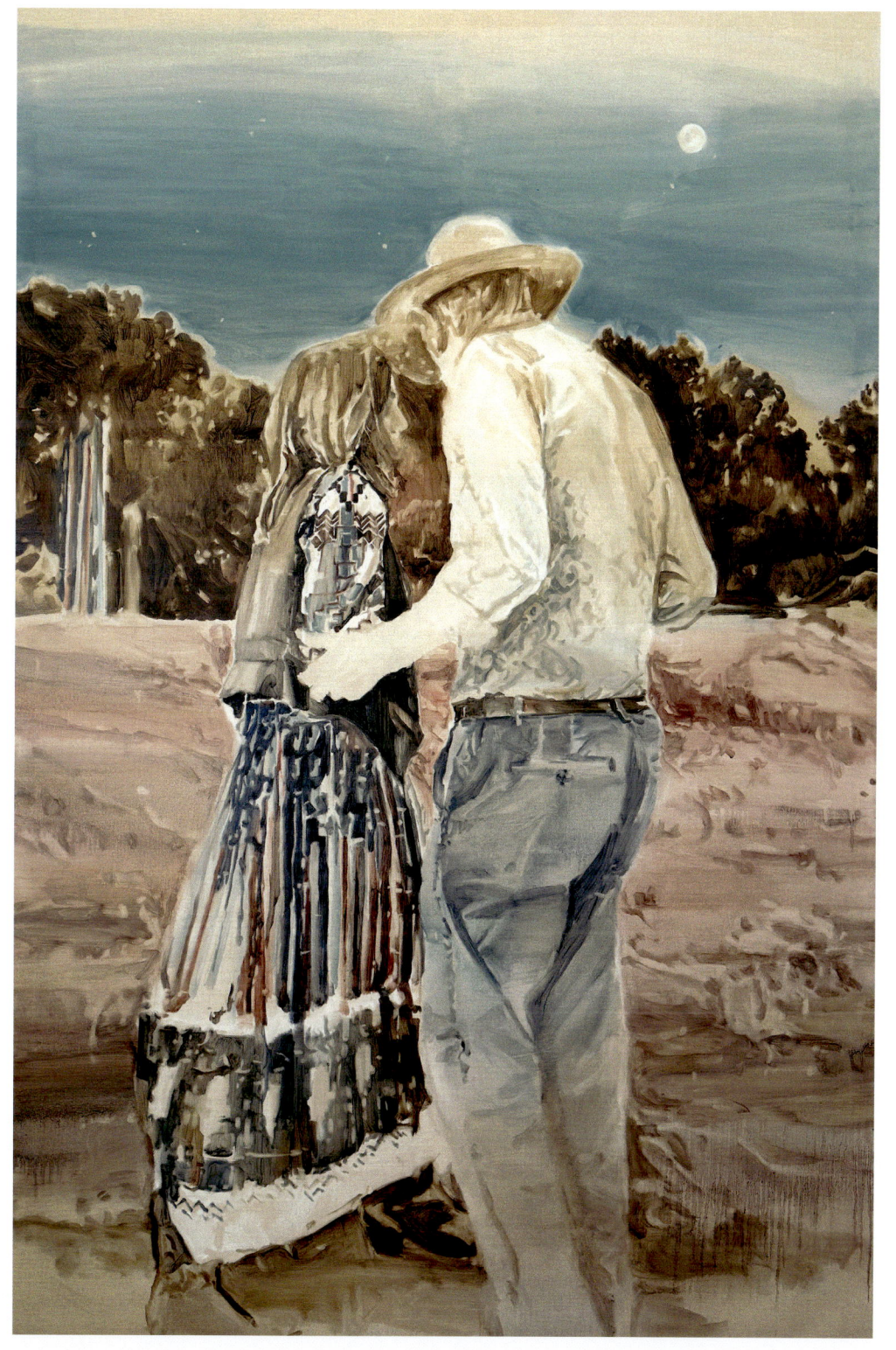

Tú nuncacaca sabes nananada sobre mimimimí (2023)
Francisco Baena Torres (Fran Baena)
Temple al huevo, acrílico, rotulador de óleo y gotelé sobre lienzo
130 x 162 cm

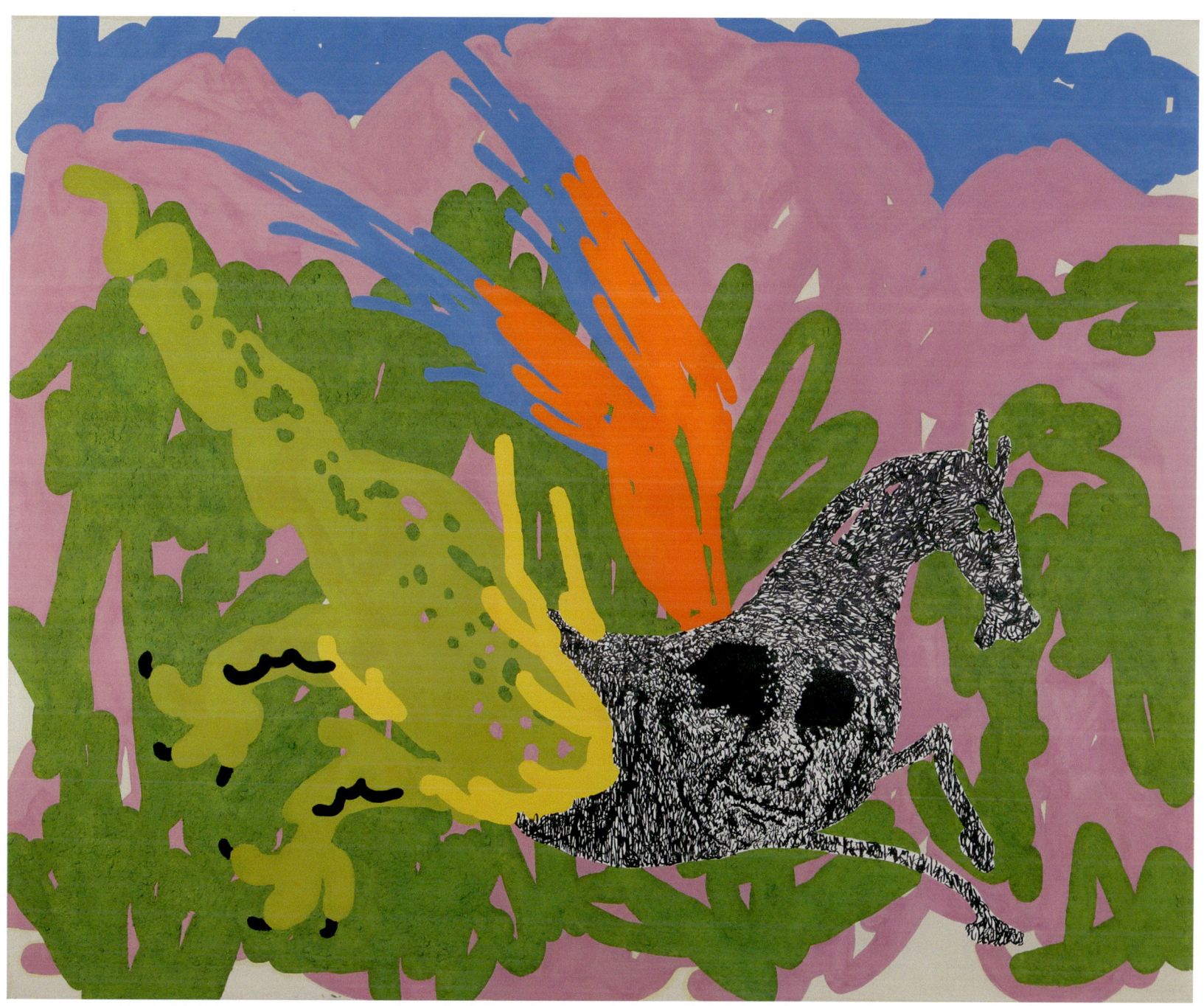

Cookie (2024)
Ana Cañuelo Navarro (AKN)
Acrílico y cera sobre lienzo
110 x 81 cm

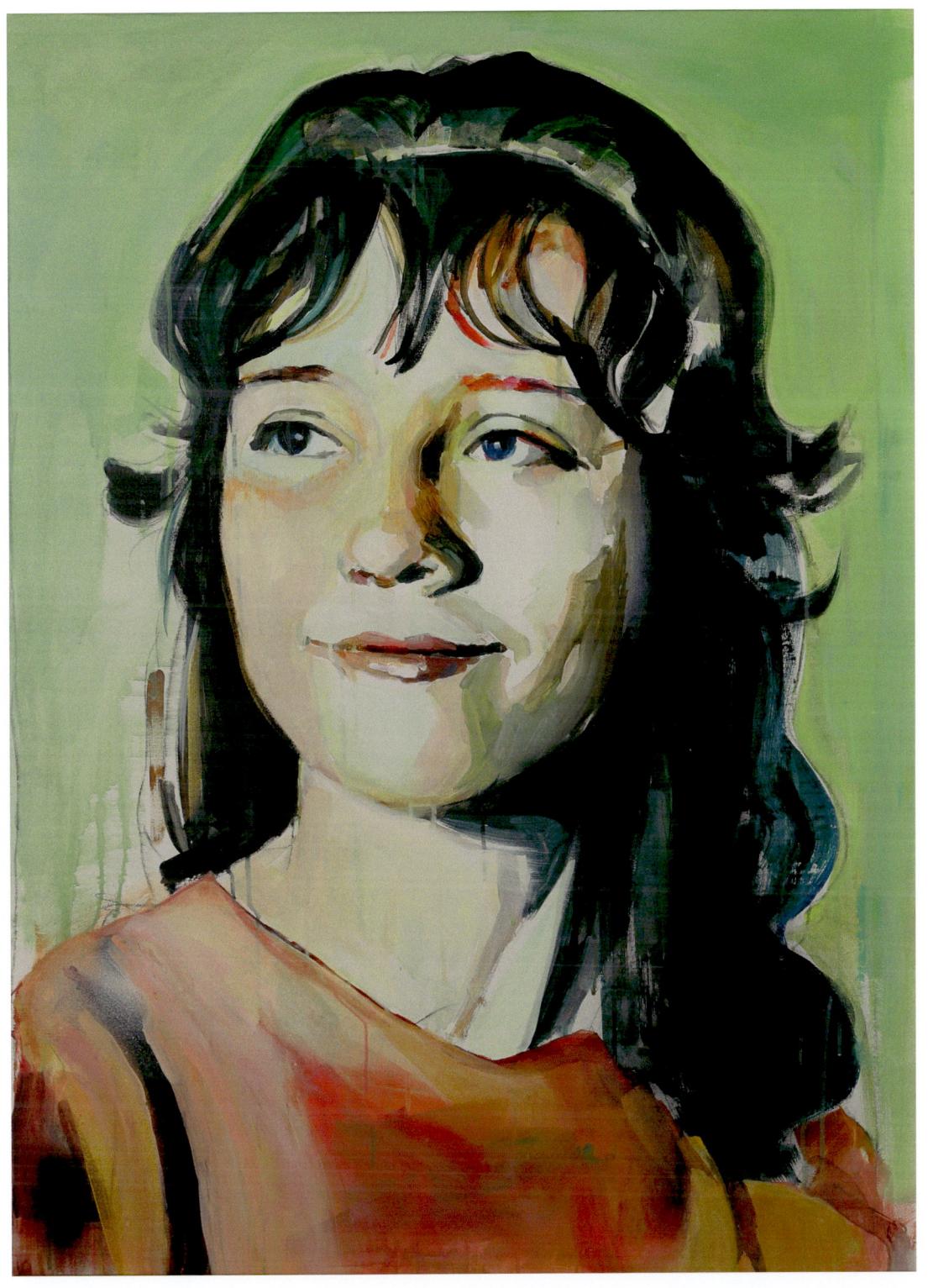

Retrato de familia II: amar (2023)

Verónica Bueno Salgado (Verónica Bueno)

Acrílico y lápices de colores sobre lienzo

140 x140 cm

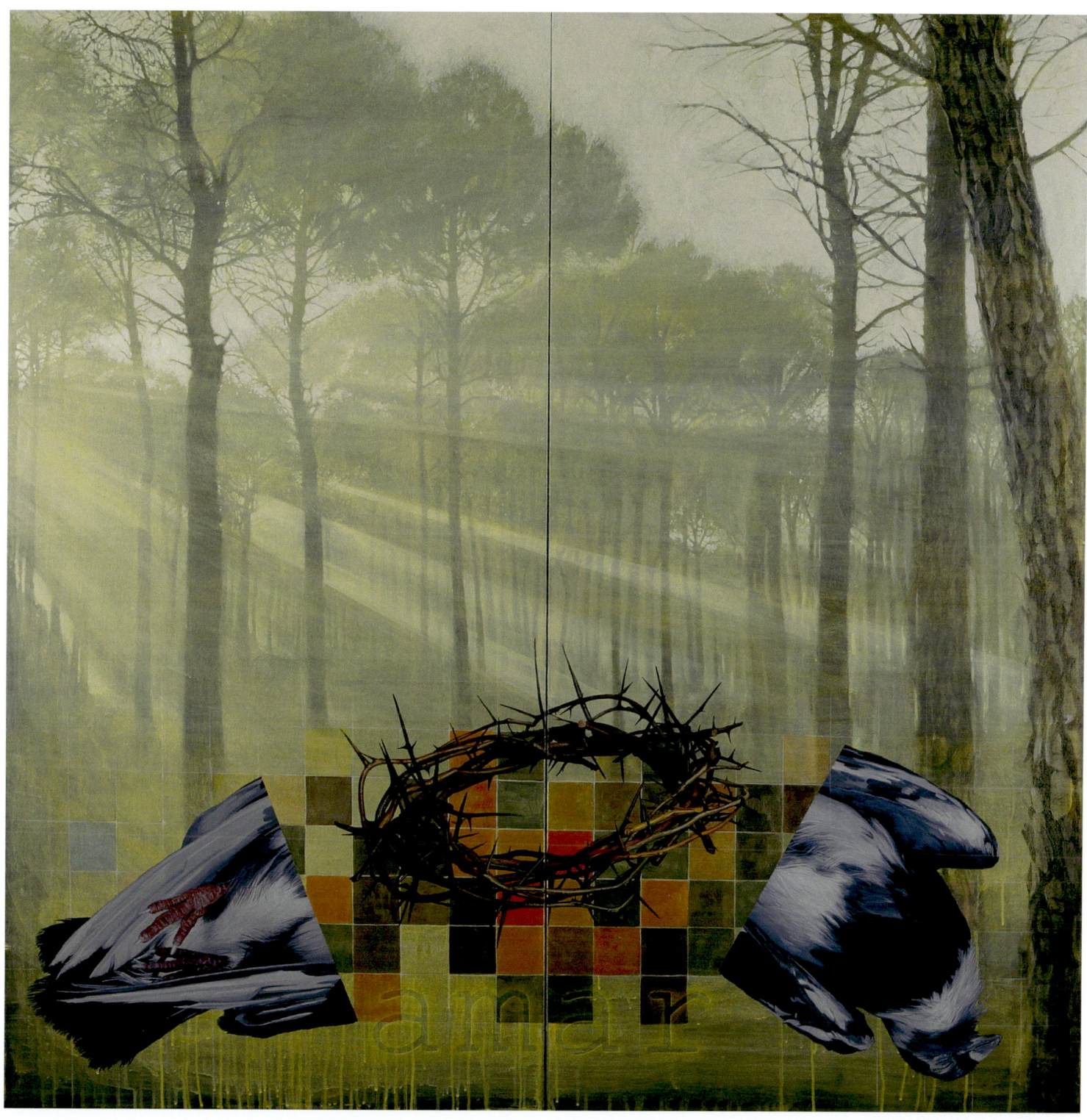

Holyrood. Última hora de un invierno (2022)

Cristina Megía Fernández (Cristina Megía)

Óleo sobre lienzo

160 x 190 cm

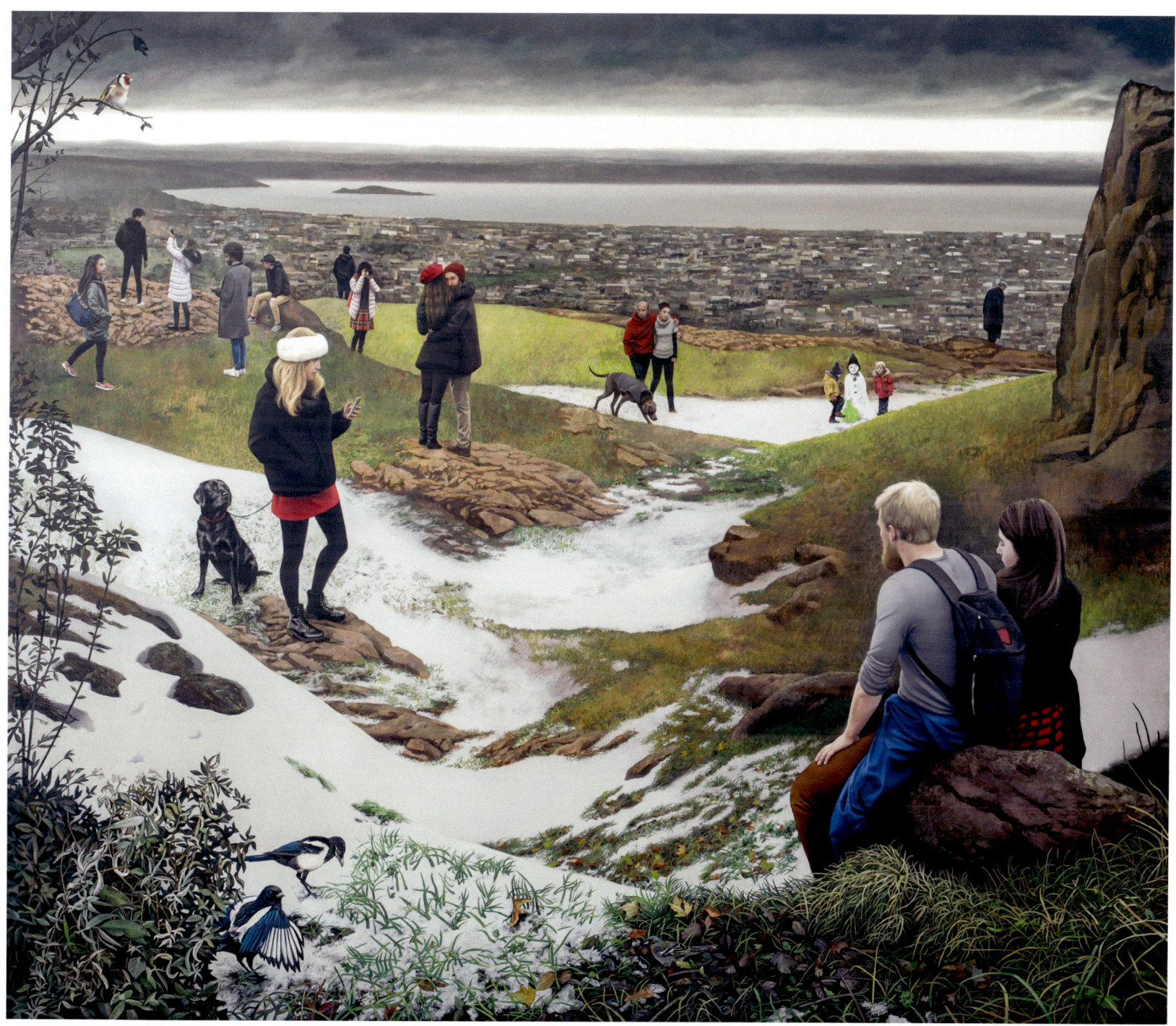

Glitchland 3/12 (2023)

Julio Sarramián Bernal (Julio Sarramián)

Óleo sobre lienzo

150 x 150 cm

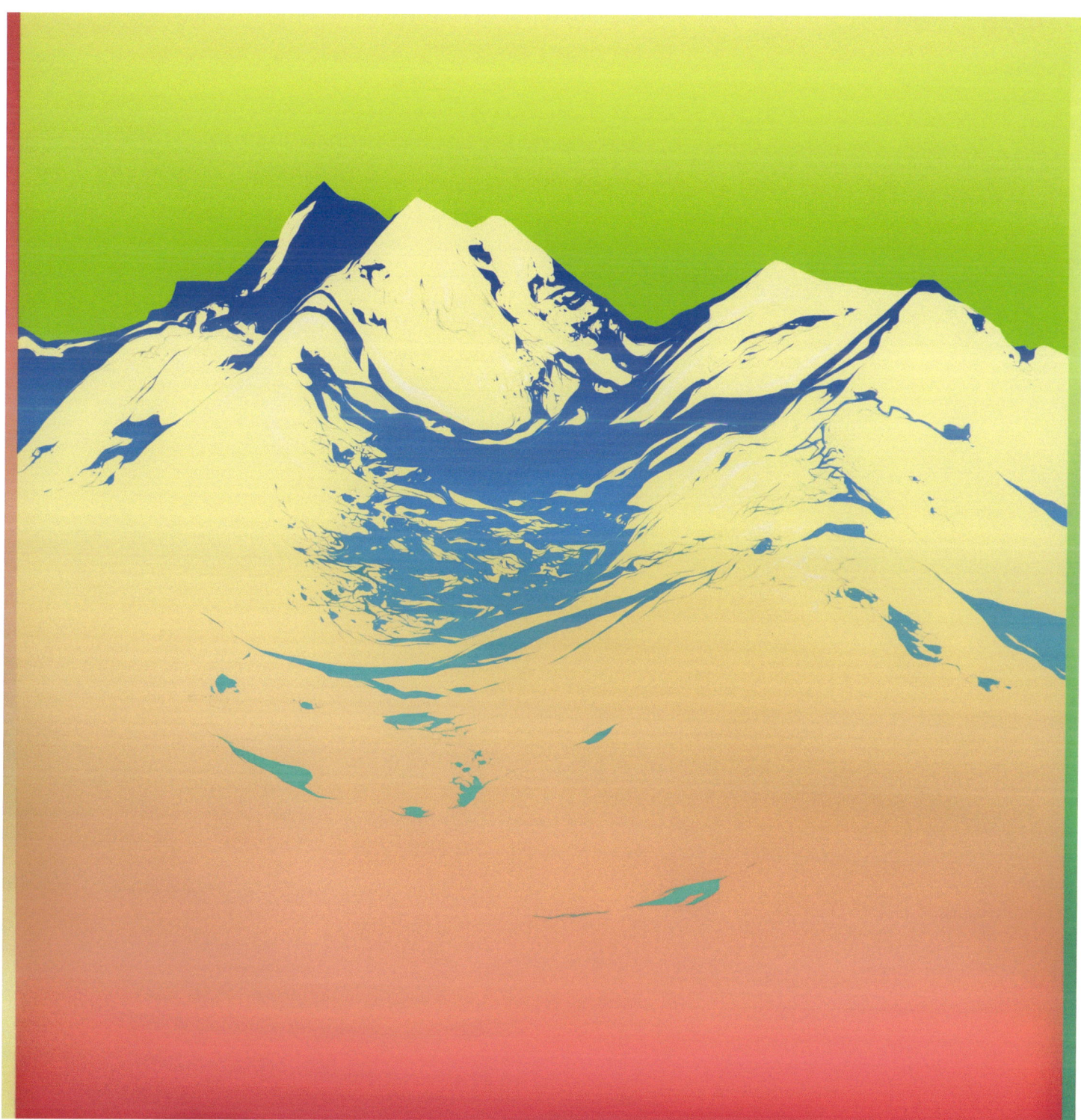

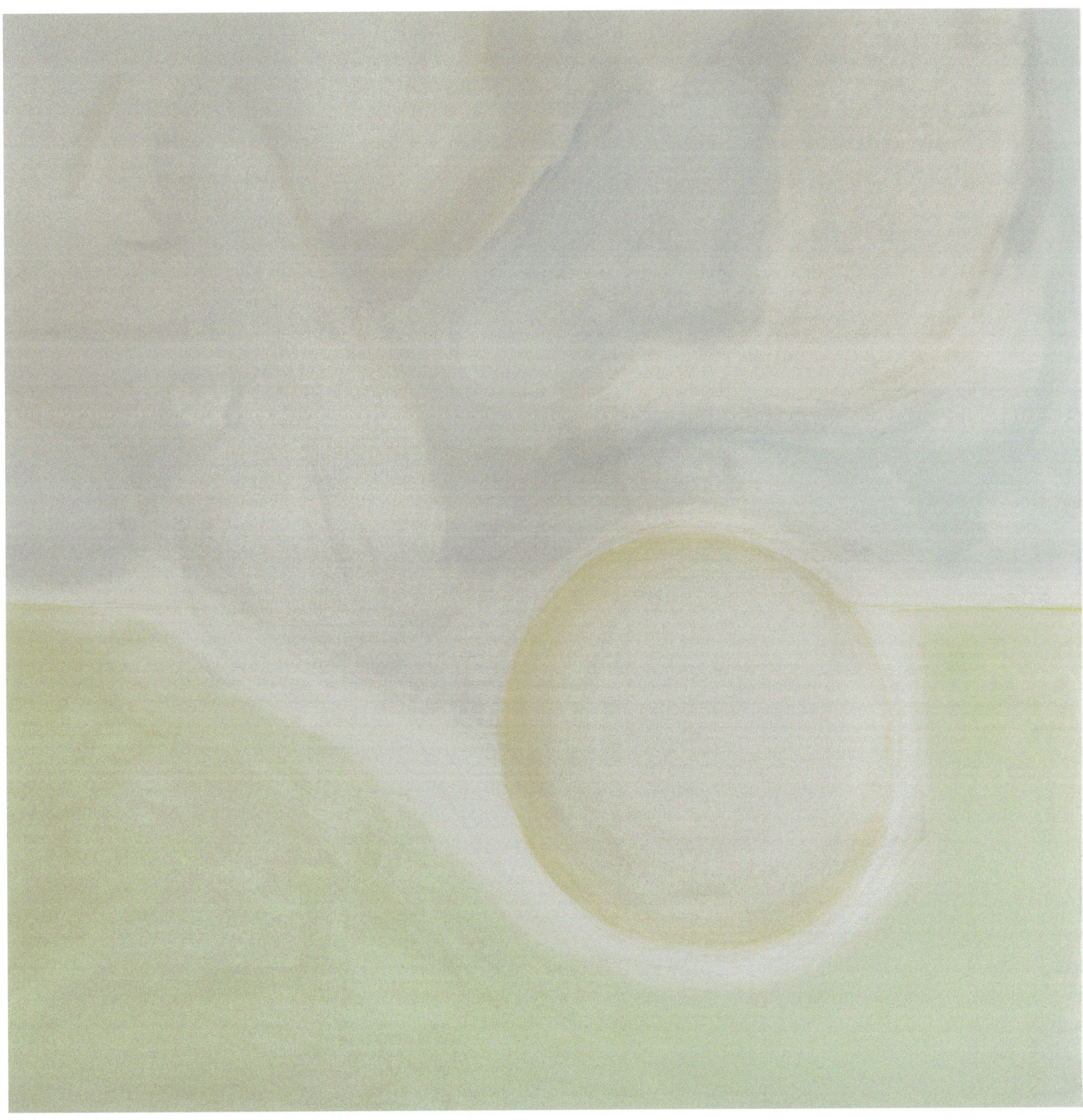

Fig.185. Gouttière (2024)

Gloria Martín Montaño (Gloria Martín)

Óleo sobre lienzo

195 x 162 cm

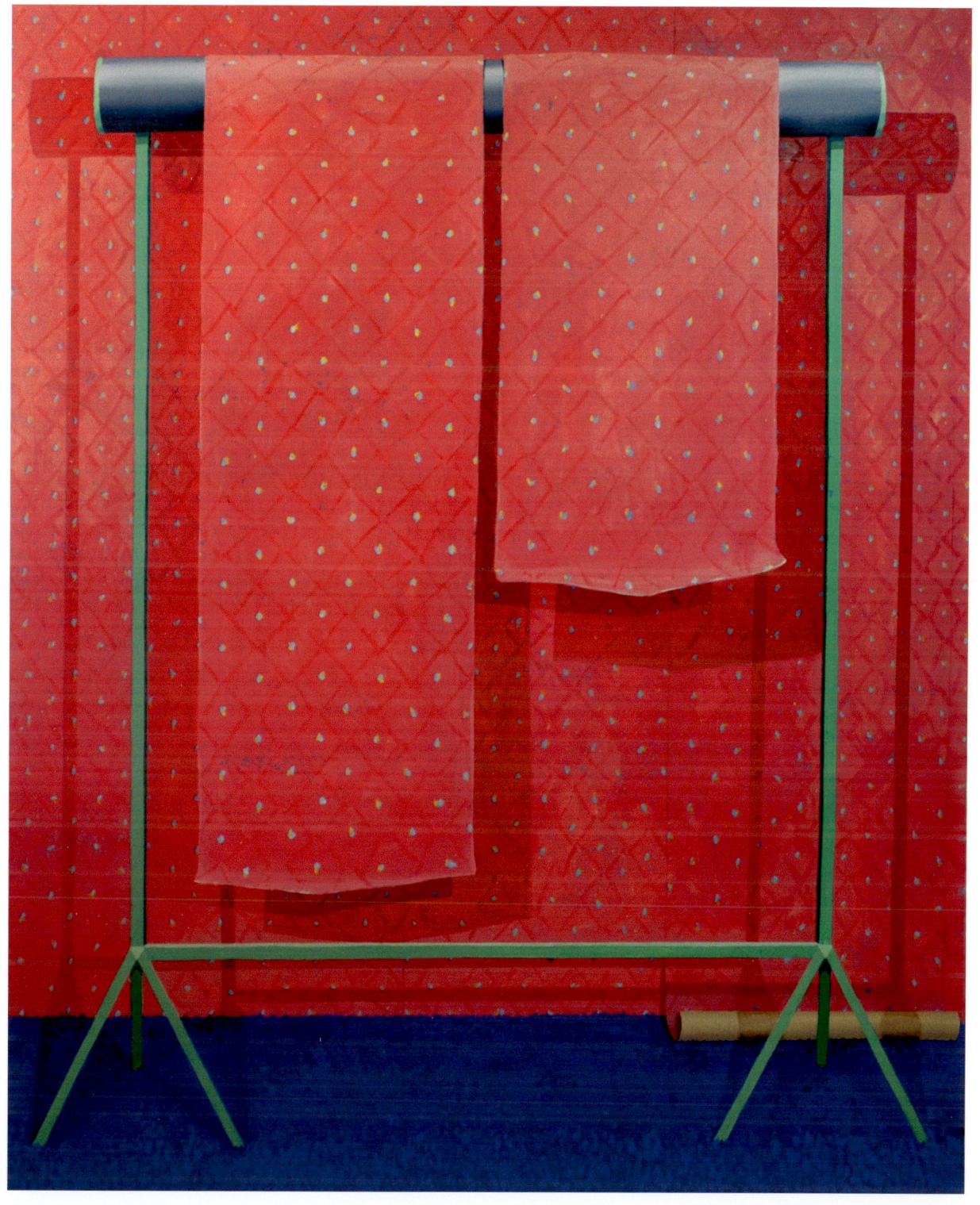

Limits-III (2019)

José Antonio Montecino Prada (Monte)

Acrílico sobre tabla

124 x 112 cm

Negro sobre blanco N14 TN _ Acto de comunicación (tiempos nuevos) N41 (2021)

Pablo Bellot García (Pablo Bellot)

Acrílico sobre lienzo

Díptico 130 x 194 cm

c/u 130 x 97 cm

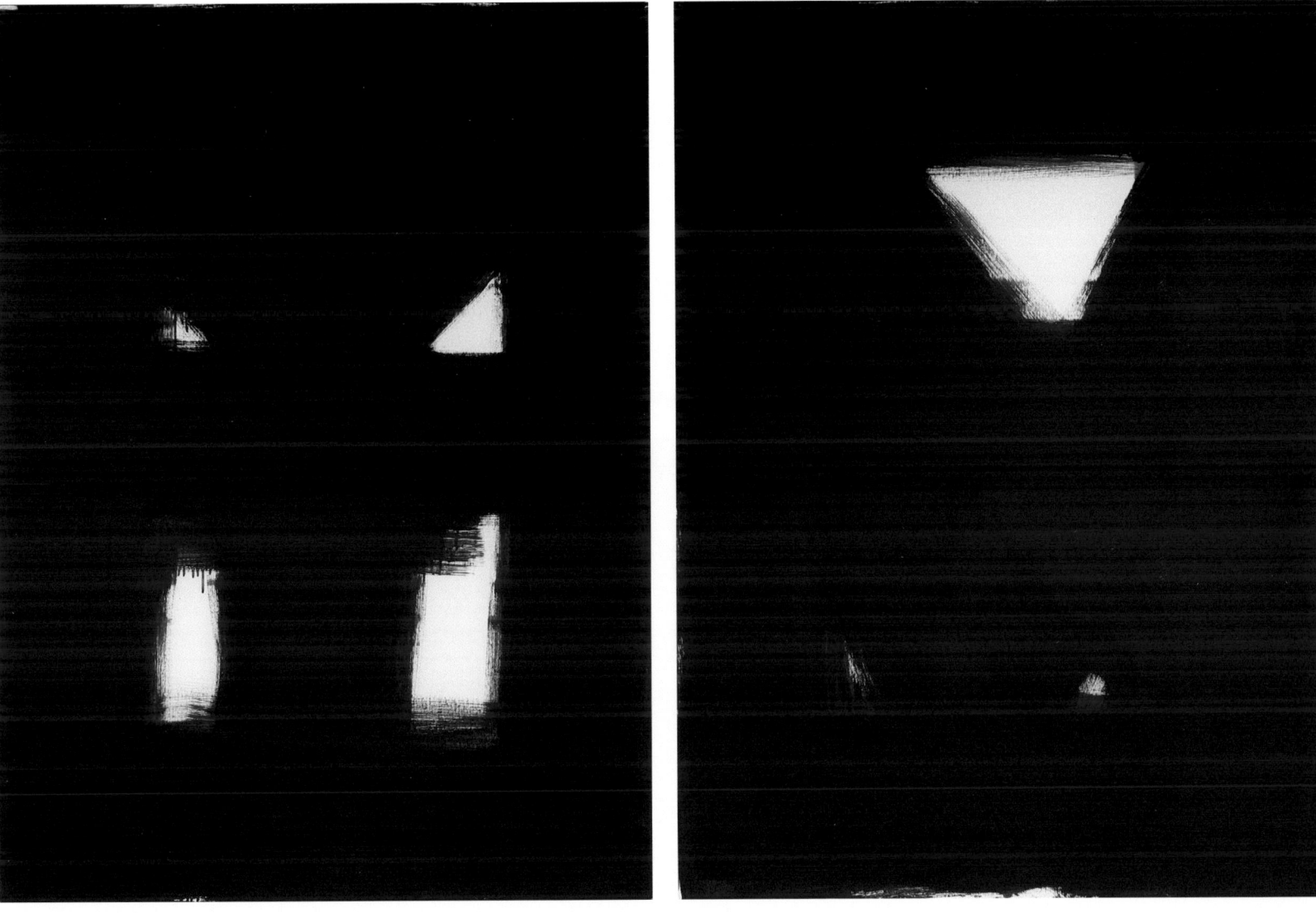

El torno alfarero y la rotación de la Tierra (2024)

Ramón David Morales García (Ramón David Morales)

Óleo sobre lienzo

200 x 162 cm

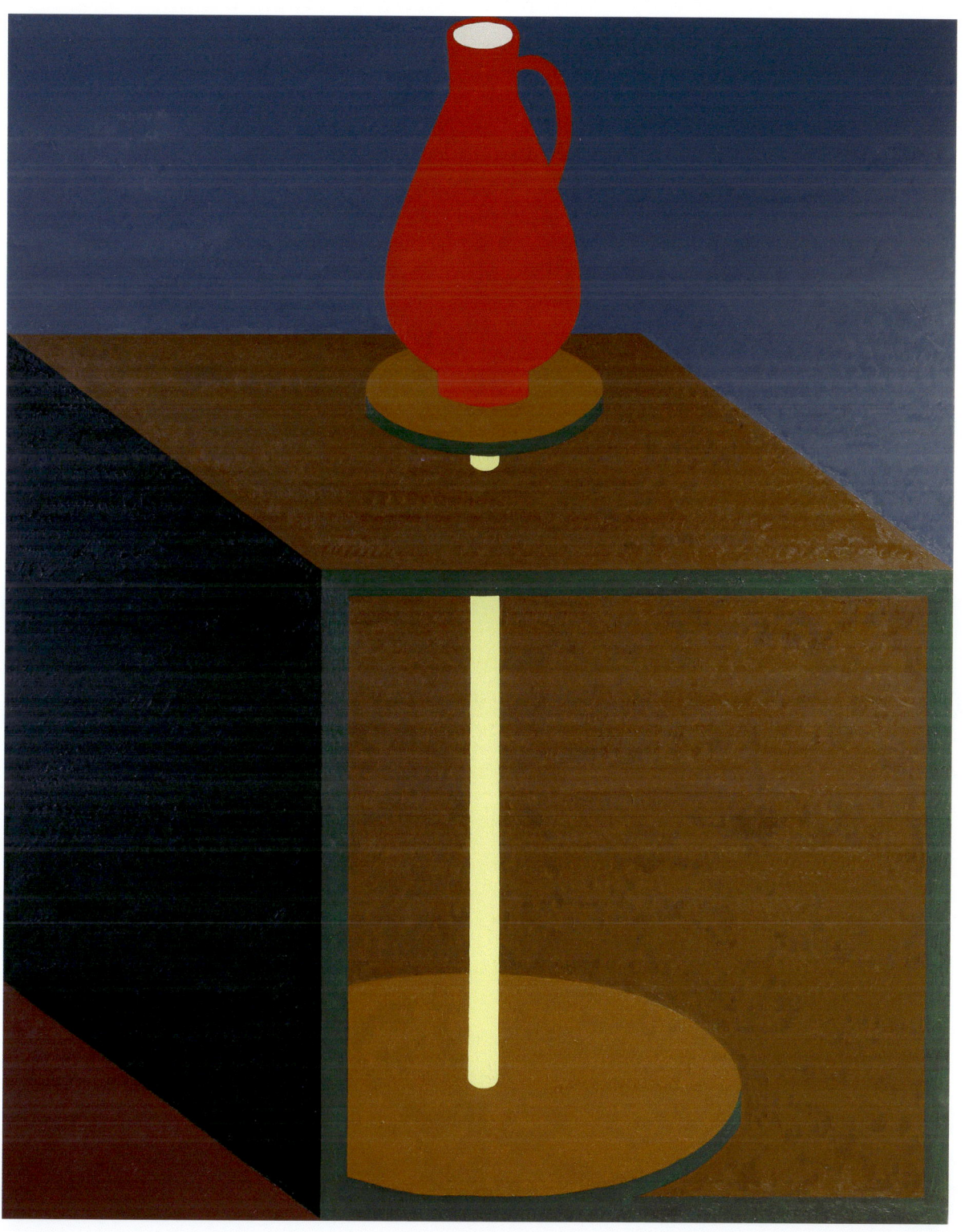

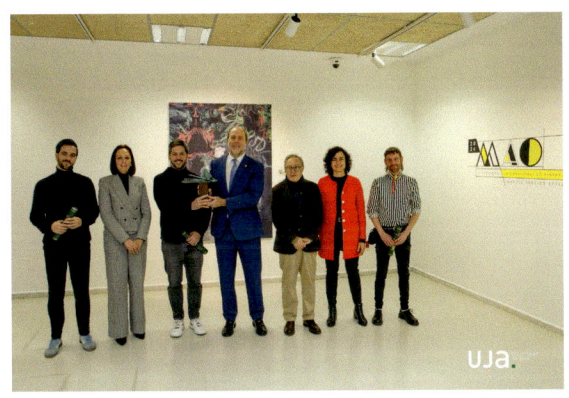
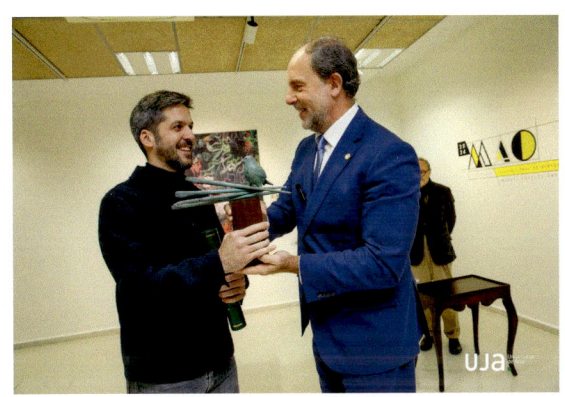
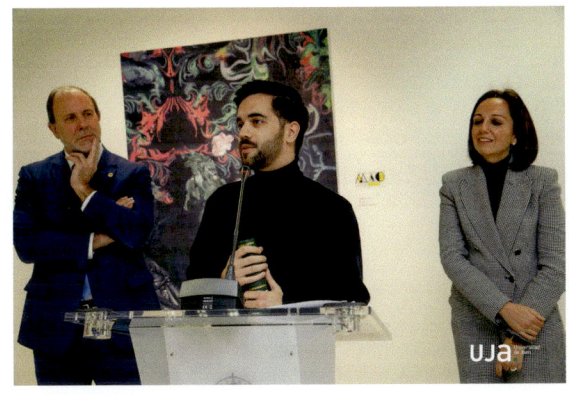
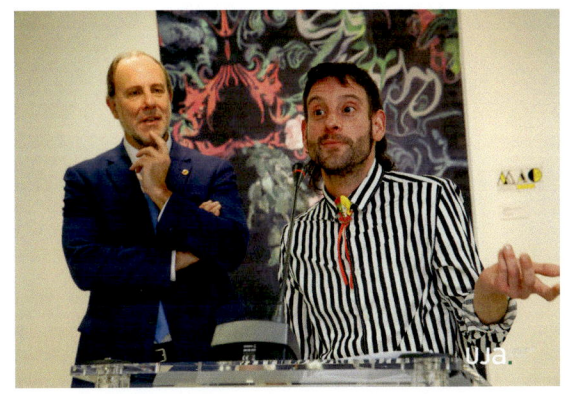
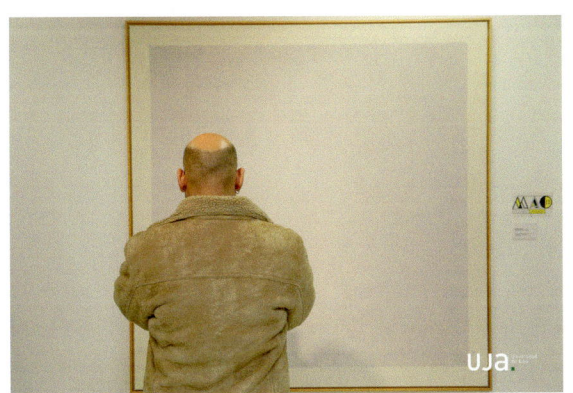
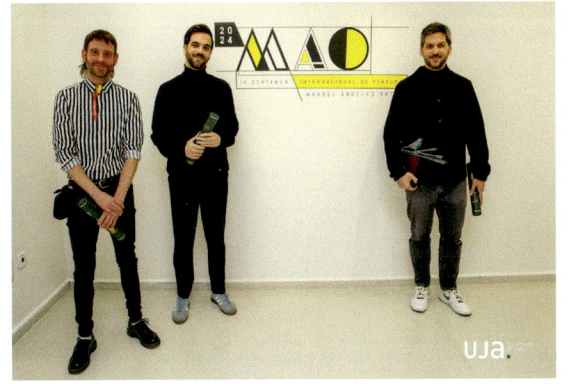

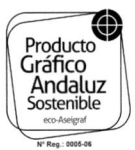
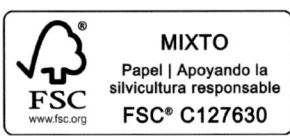